Das Buch erzählt die Geschichte eines Sportlers, der schließlich zum Laufen kam und darin seine Erfüllung fand: „*Laufen ist ein Teil meines Lebens geworden. Es ist Ansporn, Meditation, Erlebnisquelle, Ausgleich.*" Es erzählt von der Befreiung des „richtigen" Laufens: „*Ich lasse mich nicht mehr zum Sklaven meines Ehrgeizes machen.*" - von den anfänglichen Fehlern: „*Dann kam Kilometer 16. Ab hier ging fast gar nichts mehr. Das ist zwar schon die Distanz, bei der 'der Hammer' plötzlich zuschlagen kann, aber dieses Mal war er die letzten Kilometer schon laut hinter mir her getrampelt und sagte jetzt zu mir: 'Dong! Dong! Dong! Dir geb' ich's jetzt aber mal so richtig auf die Glocke!'*" - und lustigen Begebenheiten: „*... außerhalb einer FKK-Anlage ist das Duschhaus in Rülzheim der Ort, an dem man im Freien die meisten nackten Männer beim Umziehen beobachten kann.*" Auch Lauftipps fehlen nicht, die allerdings nicht in Stein gemeißelt sind. Sie sind „*vielmehr [...] Anregungen [...], auf welche Bereiche Ihr ein Augenmerk legen sollt.*"

Klaus Maier, geboren 1967, studiert zuerst erfolglos Latein und Mathematik für das Lehramt an Gymnasien. Ein Studium für die Beamtenlaufbahn im gehobenen nichttechnischen Verwaltungsdienst schließt er als Diplom-Verwaltungswirt ab. Nach anfänglicher Arbeitslosigkeit arbeitet er als Angestellter und Metallarbeiter bis er Verwaltungsleiter im gehobenen Dienst wird. Er ist Musiker, Mathematik- und Physikfan, Sportler, vielfältig interessiert und spielt die meiste Zeit Volleyball bis er zufällig zum Laufen kommt. Genauso zufällig wird er jetzt Autor.

Klaus Maier

Maier läuft!

Erfahrungsbericht eines Laufanfängers

Herstellung und Verlag:
BoD - Books on Demand, Norderstedt
ISBN 978-3-7431-9512-7

Inhaltsverzeichnis

Vorwort	9
Das Fahrrad	11
Klaus, der Sportler	14
Maier joggt, aber läuft noch nicht	18
Jetzt aber: Maier läuft!	20
„Maier läuft" als Wettkampfmarke	23
Rißnertlauf Karlsruhe-Rüppurr, 15 km, 16.03.2014	25
Stadtlauf Stutensee, 10 km, 06.04.2014	26
Rheinvolkslauf Maximiliansau, Halbmarathon, 12.04.2014	27
Frühlingslauf St. Leon-Rot, Halbmarathon, 04.05.2014	29
Volksläufe	31
1. Suche und Anmeldung	31
2. Anfahrt und Ankunft	31
3. Anmeldung	32
4. Überblick verschaffen	33
5. Kleidung	33
6. läuferische Vorbereitungen	34
7. Der Lauf	35
8. Zielankunft	37
9. Auslaufen und Duschen	38
Südpfalzlauf Rülzheim, Halbmarathon, 09.06.2014	39
Hitzetraining	42
Sonnwendlauf Seelbach, 10 km, 27.06.2014	44
Queichtallauf Zeiskam, 10 km, 06.07.2014	45
Hardtseelauf Weiher, 10 km, 27.07.2014	47
Lußhardtlauf Hambrücken, 10 km, 17.08.2014	49
Golfparklauf St. Leon-Rot, Halbmarathon, 14.09.2014	51
Hardtwaldlauf Karlsruhe, 10 km, 12.10.2014	53
Oberwaldlauf Karlsruhe, 10 km, 18.10.2014	54
Laufen = Training?	55

Wintertraining = Nachttraining	57
1. Warum nachts trainieren?	57
2. Die Nacht ist heller als man denkt	57
3 Vorbereitung und Sicherheit	59
4. Was ist nachts anders?	59
5. Die Tücken der Nacht	61
Der Trainingsplan	65
Winterlaufserie Rheinzabern, 10 km, 14.12.2014	66
Was bringt das neue Jahr?	68
Winterlaufserie Rheinzabern, 15 km, 11.01.2015	69
Winterlaufserie Rheinzabern, 20 km, 08.02.2015	70
Internationaler Volkslauf „Rund um Mercedes Benz" Rastatt, Halbmarathon, 08.03.2015	72
Rißnertlauf Karlsruhe-Rüppurr, 15 km, 15.03.2015	75
Osterlauf Rheinzabern, Halbmarathon, 04.04.2015	76
Rhein-Volkslauf Maximiliansau, Halbmarathon, 18.04.2015	78
Stirnlampenlauf Bad Dürrheim, 8 km, 24.04.2015	80
Frühlingslauf St. Leon-Rot, 10 km, 03.05.2015	83
Südpfalzlauf Rülzheim, 10 km, 25.05.2015	85
Sonnwendlauf Seelbach, 10 km, 19.06.2015	87
Queichtallauf Zeiskam, 10 km, 05.07.2015	90
Hardtseelauf Weiher, 10 km, 26.07.2015	91
Lußhardtlauf Hambrücken, 10 km, 16.08.2015	93
Sommerpause	95
Hardtwaldlauf Karlsruhe, 10 km, 11.10.2015	96
Ausblick	97
Aus Fehlern lernt man am effektivsten - meine Lauftipps	98
1. Einleitung	98
2. Innere Leistungsbereitschaft der Körpers	99
2.1. Stimmung	99
2.2. Müdigkeit	100
2.3. Flüssigkeit	101
2.4. Ernährung	101

3. Leistungsbereitschaft des Kreislaufes ... 102
   3.1. Alkohol ... 102
   3.2. Herzfrequenz ... 102
   3.3. Atmung ... 103
4. Leistungsvermögen der Muskulatur ... 104
5. Laufverhalten ... 105
   5.1. Analyse ... 105
   5.2. Strecken mit Höhenprofil ... 105
   5.3. Wind ... 106
   5.4. Rhythmuswechsel ... 106
   5.5. Synchronisation ... 107

Vorwort

Es war ein Zufall, der mich vor fast drei Jahren zum Laufen brachte und ich habe damals weder damit gerechnet noch darauf gehofft, was das Laufen alles mit sich bringen würde. Es blieb nicht beim einsamen und bloßen Sich-an-der-frischen-Luft-bewegen. Ich nehme seither regelmäßig an Läufen teil. Wenn ich nach einem Lauf mit meinen Kindern über die Erlebnisse sprach, konnte ich immer etwas Neues berichten und ab und zu auch Anekdoten zum Besten geben. Im letzten Sommerurlaub begann ich dann, diese Anekdoten, die sich langsam anhäuften, stichwortartig aufzuschreiben. Es wäre doch schade gewesen, wenn ich sie vergessen hätte. Anschließend machte ich mich dann noch daran, alles ins Reine zu schreiben. Dabei kam mir der Gedanke, auch etwas darüber zu schreiben, wie ich überhaupt zum Laufen gekommen bin. Damit man das alles besser einordnen könnte, sollte ich auch etwas darüber schreiben, was ich vor dem Laufen gemacht habe. Ganz sicher wollte ich von meiner Motivation und Faszination erzählen. Ich stellte mir vor, dass es für andere vielleicht ganz witzig oder auch hilfreich sein könnte, wenn ich von meinen Fehlern schreiben würde, die ich als Anfänger begangen habe, und davon, was ich daraus gelernt habe. So wurde meine To-do-Liste immer länger und es blieb mir schließlich nichts anderes übrig, als dieses Büchlein daraus zu machen.

Laufen ist ein Teil meines Lebens geworden. Es ist Ansporn, Meditation, Erlebnisquelle, Ausgleich. Ich hoffe, mit diesem Büchlein vielleicht dem ein oder anderen, der sich mit dem Gedanken ans Laufen trägt, Motivation geben zu können, damit auch er sich überwindet. Es könnte einem verzweifelten Laufanfänger auch aufschlussreiche Informationen geben, zu einem freudigen Laufen zu finden.

Dieses Buch ist kein Leitfaden zum Laufen. Das soll es nicht und das kann es auch nicht sein. Warum es das nicht sein kann, werdet Ihr spätestens im Kapitel „Aus Fehlern lernt man am effektivsten - meine Lauftipps" erkennen. Natürlich gebe ich auch in anderen Kapiteln Lauftipps, hauptsächlich in den Kapiteln, die nicht von einem bestimmten Lauf handeln. Ich schreibe über das Laufen aus meiner ganz persönlichen Sicht. Deswegen werden dem Ein oder Anderen auch gewisse Aspekte fehlen und andere überflüssig vorkommen. Zu meiner Sicht gehört auch der sportliche Ehrgeiz bei den meisten meiner Wettkämpfe. Man muss sich bei Läufen aber nicht auspowern. Man kann genauso gut die Stimmung, die Strecke oder den Lauf genießen. Denn der Spaß beim Laufen ist das Ziel, das uns Läufer vereint.

Es würde mich freuen, wenn dem Leser ab und zu ein Schmunzeln über den Mund huscht und wenn ich aufgrund dieses Buches neue Laufbrüder und Laufschwestern gewinnen könnte.

Das Fahrrad

„Des dät mi plooge, do mit 'm Fahrrad 'nufz'fahre."
Salopp kann man das ins Hochdeutsche übersetzen mit: „Wie bescheuert müsste ich denn sein, um da mit dem Fahrrad hinaufzufahren?"
Was gibt man nicht so alles leichtfertig von sich. Die Aussage, dass ich da niemals mit dem Fahrrad hinauffahren würde, war eine ähnliche Fehleinschätzung wie das „I'm here! There's nothing to worry about." von Brad Majors in „The Rocky Horror Picture Show". Denn keine zwei Monate später saß ich an derselben Stelle auf dem Fahrrad und kurbelte vergnügt den Berg hinauf.
Wie konnte es dazu nur kommen?
Und was hat das Fahrradfahren mit dem Titel des Buches zu tun?
Also alles erst einmal der Reihe nach.

Im Frühling 2012 trafen sich im abgeschiedenen Schwarzwaldstädtchen Oppenau Fans der Musikgruppe BAP zu einem „Südtreffen". Das „Süd" war dabei etwas irreführend, weil Fans aus ganz Deutschland und auch aus der Schweiz und Belgien angereist kamen. Ein Kumpel, der das Ganze mit organisierte, fragte mich: „Hey Klaus, du wohnst doch in Oppenau. Wir machen da so ein BAP-Fantreffen. Könntest du da nicht als ‚einheimischer Führer' eine Wanderung machen, damit die Leute mal den Schwarzwald kennenlernen?" Natürlich sagte ich zu und dachte mir eine kleine Wanderung aus, bei der ich dann auch etwas über den Schwarzwald erzählen wollte. Da ich nicht wusste, wie bergtauglich die „Flachländer" sein würden, wollte ich nur eine kleine Rundwanderung machen. Dazu mussten wir aber erst mit den Autos das Lierbachtal hinauf zu den Allerheiligen-Wasserfällen fahren. Wenn man auf dem Weg dorthin so ganz gemütlich im Auto sitzt, um die Wanderung abzukürzen, und wenn man dabei schwitzende und keuchende Radfahrer überholt, die sich mit rotem Kopf den Berg hinauf quälen, dann kann einem schon einmal ein solcher Satz herausrutschen.

An diesem Wochenende war ich eigentlich nur als „einheimischer Bergführer" angeheuert. Trotzdem fuhr ich sechsmal an drei Tagen zur Hütte der BAP-Fans hoch. „Komm' doch heute Abend noch zum Grillen", „Klaus, es ist Sonntagmorgen und wir haben keinen Kaffee mehr. Könntest du bitte ..." Weil ich innerhalb von Oppenau alles mit dem Fahrrad erledigte, fuhr ich also auch zur Hütte mit meinem Trekkingrad. Der Weg war mit 1,2 km ja auch nicht weit. Aber gut zwei Drittel davon gingen bergauf. Ok, 70 m Höhenunterschied sind nicht wirklich viel, aber das Bergfahren war neu für mich.

Am nächsten Wochenende wollte ich mit den zwei großen von meinen drei Jungs im Wald spazieren gehen. Wir einigten uns, den Berg hinauf zur „Kleinebene" zu wandern und dort etwas Fußball zu spielen. Kaum war die Haustür offen liefen sie davon. Ich musste erst noch meine Schuhe suchen und den Ball holen. Bis der lahme Papa endlich alles beisammen hatte, waren die beiden in ihrem Tatendrang schon über alle Berge auf und davon. Um sie einzuholen, hätte ich eine noch steilere Abkürzung nehmen oder ein ganz ordentliches Tempo anschlagen müssen. Da kam mir die Idee: „Ich nehme das Rad! Letztes Wochenende hat das mit dem Bergfahren doch auch gut geklappt. Da werde ich die beiden schnell eingeholt haben." Die Strecke war ebenfalls 1,2 km lang. Allerdings betrug der Höhenunterschied nicht 70 m, sondern 210 m! Am Anfang lief es noch ganz locker; aber bis ich oben ankam, war ich total durchgeschwitzt und unterwegs musste ich dreimal mangels Puste anhalten. Die beiden Jungs waren natürlich schon lange vor mir da.

„Da muss irgendetwas mit dem Rhythmus nicht gestimmt haben", dachte ich dann, als ich wieder bei Atem war. „Das muss doch irgendwie besser gehen."

Tja, und so war mein Ehrgeiz geweckt. Im restlichen Jahr 2012 kurbelte ich dann alle drei bis vier Wochen, eben diese Strecke Richtung Allerheiligen hoch, die ich zu Anfang des Kapitels noch bequem mit dem Auto gefahren war - mit wachsender Begeisterung und Geschwindigkeit: 11,2 km mit 380 m Höhenunterschied in 45 Minuten und eine andere Strecke mit 9,8 km und 530 m Höhenunterschied in 60 Minuten. Ich habe keine Ahnung, wie gut das ist. Ein Mountainbike-Fahrer lächelt wahrscheinlich darüber. Aber ich habe ja nur ein Trekkingrad und machte das eher zum Spaß und nicht, um sportliche Bestmarken zu setzen. Und ich habe gelernt, dass der richtige Rhythmus sehr wichtig ist.

Im Frühjahr 2013 fuhr ich sporadisch noch zwei bis dreimal mit dem Fahrrad, dann ließ ich das wieder bleiben. Ich trennte mich von meiner Frau und richtete eine eigene Wohnung ein. Im Mai zog ich schließlich aus; das Fahrrad nahm ich nicht mit.

Klaus, der Sportler

Bevor ich zum ersten Kapitel mit dem Laufen komme, sollte ich erst noch etwas über meinen bisherigen sportlichen Werdegang erzählen.

Ich wuchs in Appenweier auf, einem Dorf mit damals etwa 3.000 Einwohnern. Meine Eltern meinten schon früh, dass ich in den Sportverein gehen sollte. Das wäre total spaßig. Ha, ha ... Ich musste mich im zarten Alter von sieben Jahren mit Turnen herumquälen. Das war damals gar nichts für mich. Meine Eltern sahen das zum Glück ein. Mit Zehn begann ich dann mit dem Handballspielen. Einer meiner beiden besten Freunde war Handballer und deswegen wollte ich das natürlich auch machen. Das Training war immer sehr vielseitig. Es machte mir Spaß und ich war auch gar nicht so schlecht. Das Dumme war nur, dass an dem Training die gesamte Handballjugend teilnahm, von den A- bis zu den D-Jugendlichen. Weil wir sowieso vielleicht nur zwölf Jungs waren und der Altersunterschied so groß, konnten wir auch nie mit einer Mannschaft an einer Liga teilnehmen. Deshalb zögerte ich auch nicht allzu lange, als mein Vater mir das Fußballspielen schmackhaft machte. Den Trainer kannte ich auch schon, denn er war ein guter Freund meines Vaters.

So kam es also zu meiner sechsjährigen Fußballjugend-Karriere. Im Prinzip hatte ich außer Torwart jede Position schon einmal gespielt. Am effektivsten war ich aber als offensiver Mittelfeldspieler und als defensiver Spielmacher vor der Abwehr. Damals zeigten sich auch meine besonderen körperlichen Stärken. Konditionell war ich immer einer der Besten und meine Beschleunigung auf den ersten Metern war außergewöhnlich. Die Endgeschwindigkeit war zwar nicht berauschend (12,6 s auf 100 m), aber der Antritt machte den Unterschied. Vielleicht lag die mangelnde Endgeschwindigkeit ja auch an schlechter Lauftechnik, weiß ich nicht, verwundern würde es mich nicht. Denn leider hatten wir, wie es für ländliche Gegenden damals typisch war, und auch heute meistens noch so ist, immer schlechte Trainer; und die Schiedsrichter waren noch schlechter. Dass man „verpfiffen" wurde, war normal. Und überhaupt kann ich mir mit meiner sechsjährigen Fußballerzugehörigkeit das Urteil erlauben, dass alle negativen Klischees über Fußballer zutreffend sind.

Warum bin ich dann so lange geblieben?
Nun, ich war gut.
Und warum bin ich dann doch gegangen?
Es war Donnerstag, der zwölfte Dezember 1985, also einen Tag vor Freitag, dem 13. Bei einem Freundschaftsspiel im Hallenfußball kam es zu einem Pressschlag. Das heißt, mein Gegner und ich traten von gegenüberliegenden Seiten gleichzeitig gegen den Ball. Er war einen Hauch eher am Ball. Und wahrscheinlich gab das den Ausschlag, dass ich das Wadenbein gebrochen hatte. Unser medizinischer Betreuer meinte, da sei nichts gebrochen und ich könnte nächste Woche wieder mit dem Training anfangen. Soviel zum Thema „Dorffußball". Als ich wieder auf dem Damm war, hatte ich einfach keinen Bock mehr auf Fußball. Ich hätte in der folgenden Saison dann ja auch in der Ersten Mannschaft spielen müssen. Und zu der Zeit war es der Traum eines jeden A-Jugendlichen in Appenweier, aus der A-Jugend direkt zu den „Alten Herren" zu kommen. Die waren mit Uwe Seeler und Co. groß geworden und spielten auch so.

1982 fing ich nebenher mit Volleyball an. In dem Nachbarort Urloffen gab es eine Volleyball-Dorfmeisterschaft und ein Schulfreund organisierte eine Mannschaft. Um nicht unvorbereitet anzutreten, gingen wir vorher ins Training. Irgendwie bin ich dabei hängen geblieben. Von der B-Jugend ging es direkt in die Erste Mannschaft. Eine A-Jugend gab es nämlich nicht. Sprungkraft und Schlagkraft waren nie ein Problem. Nur bis es mit der Technik und dem Spielerischen gut klappte, gingen ein paar Jahre ins Land. Ich war eben immer schon ein Spätentwickler. Während meiner A-Jugend-Zeit im Fußball hatte ich donnerstags Fußball- und Volleyball-Training. Nach dem Fußball ging es ungeduscht mit dem Fahrrad vom Sportplatz in die Halle - umgezogen - fertig. Fußball und Volleyball trainieren andere Muskelgruppen, da war das kein Problem. Kondition hatte ich sowieso genug.

Mangels Personal konnten wir in Urloffen keine Herren-Mannschaft mehr melden. Dafür konnten wir 1985 ein paar Frauen überreden, mit uns in der Mixed-Freizeitrunde zu spielen. Das wurde dann zum Selbstläufer. Urloffen brachte es auf bis zu drei Mannschaften und ich stieg mit der Ersten Mannschaft bis in die A-Runde auf. Dann kam ich auf die Idee, einmal herauszufinden, was ich in der Aktiven-Runde denn so wert bin. Also ging ich 1992 nach Kappelrodeck und stieg dort mit nur 1,76 m als Mittelblocker in der Landesliga-Mannschaft ein. Wir waren ein bunt zusammengewürfelter Haufen und gewannen in der Vorrunde fast nichts. Ab der Rückrunde spielte ich Außenangreifer und wir fanden auch immer besser zusammen, sodass wir fast alle Spiele gewannen und den Abstieg noch abwenden konnten. Für die Folgesaison sollte ich in der zweiten Mannschaft in der Verbandsliga spielen. Da die Erste Mannschaft aber am letzten Spieltag aus der Oberliga in die Verbandsliga abgestiegen war, wollte der Verein in dieser Liga keine eigene Konkurrenz zur Ersten Mannschaft und wir wurden in der Landesliga gemeldet. Da ich ja nur testen wollte, was ich wert war und schon in der Landesliga gespielt habe, ging ich zurück nach Urloffen. In der Folgezeit spielte ich ein paar Jahre Freizeitrunde in Urloffen, ein paar Jahre wieder Landesliga in Kappelrodeck und ab 1999, weil da mein erster Sohn geboren wurde, in der Freizeitrunde in Oppenau, wo ich inzwischen wohnte. 2005 löste sich die Mannschaft dann auf, weil es nicht mehr genügend Spieler gab.

Etwa zu dieser Zeit begann ich mit dem „Montagabendtraining". Das war eine Gruppe aus Männern und Frauen, die eine Stunde lang ein Ballspiel machten. Mal spielten wir Fußball, Handball, Basketball, Tischtennis, Federball, Hockey oder Prellball. Da konnte ich in der Regel meinen Bewegungsdrang ausleben. Auch diese Gruppe „starb" mangels Beteiligung im Frühjahr 2014 dann leider aus.

Wenn man erst einmal über 30 ist, stellt sich der Stoffwechsel um. Es wird nicht mehr so viel Testosteron freigesetzt, das auch für den Muskelaufbau zuständig ist. Es wird weniger Muskelmasse aufgebaut, dafür wandert die zu sich genommene Energie in die Fettproduktion. Das ist ein schleichender Prozess, der auch bei mir dazu führte, dass ich fast unmerklich Jahr für Jahr bei gleichem Essverhalten ein Kilo zugenommen hatte. So hatte ich dann nach einem Training im Jahr 2011 nach dem Duschen beim Abtrocknen vor einem Ganzkörperspiegel ein Schockerlebnis. Daraufhin stellte ich meine Essgewohnheiten um und nahm ohne Diät gemächlich in 15 Monaten 15 kg ab.

Im Frühjahr 2012 überredete mich dann ein alter Bekannter aus den Kappelrodecker Volleyballzeiten für ein Probetraining beim VC Offenburg. Da traf es sich gut, dass ich gerade beim Abnehmen im Endspurt war. Denn mit vollem Gewicht hätten meine Gelenke bei den Belastungen im Volleyball gleich kapituliert. Nach sieben Jahren überhaupt wieder Volleyball zu spielen und nach 13 Jahren wieder auf Herrennetzhöhe, war schon eine Herausforderung. Ein paar Wochen lang probierte ich einfach aus, ob ich wieder in das Volleyballspielen hineinfinden würde. Und recht bald dachte ich: „Sieh an, das geht ja doch noch gut genug." Seitdem spiele ich wieder aktiv in einer Herrenmannschaft; zuerst in der Bezirksklasse und zuletzt in der Bezirksliga.

Maier joggt, aber läuft noch nicht

Nach dem groben Überblick über die meisten meiner sportlichen Aktivitäten schließt sich nun der Kreis und wir sind wieder im Mai 2013 - in der neuen Heimat Stadelhofen bei Appenweier - in meiner neuen Wohnung - alleine.

Recht bald sagte ich zu mir: „Mensch Klaus. Fahrrad haste nicht, probier's doch wieder mit Joggen."

Also nahm ich meine alten Joggingschuhe und machte die ersten Schritte. Dank Google Maps gestaltete sich die Streckenauswahl recht einfach; und dazu noch mit km-Angaben. Ich wollte erst ganz langsam anfangen. Dazu nahm ich mir zu Beginn eine 5,4 km Rundstrecke vor. Und ich war wirklich langsam. Ich wollte ja auch nur ankommen, egal in welcher Zeit. Nach ein paar Läufen dieser Art bin ich wieder auf den Geschmack gekommen, zu joggen. Gejoggt bin ich schon immer. Allerdings nicht regelmäßig und nicht oft. Und seit 2004 gar nicht mehr. Oh je, 2004. Da hatte ich die Schnauze so was von voll vom Joggen.

Ein letztes Mal gehe ich jetzt in die Vorgeschichte zurück, allerdings in einen für das Laufen wichtigen Teil.

2001 joggte ich im Wald von Oppenau etwas intensiver. Von Mai bis September alle zwei Wochen zuerst eine kleine Bergstrecke von 4 km und dann eine längere Bergstrecke von 6 km. 2002 führte ich das fort. Dann bekam ich mit, dass es in Oppenau im Oktober einen Berglauf gab: 6 km nur bergauf, 410 Höhenmeter. Also trainierte ich darauf und nahm daran teil. Und im folgenden Jahr 2003 auch. Allerdings beging ich einen folgenschweren Fehler: Ich wollte unbedingt bei jedem Trainingslauf schneller sein als beim vorigen. Ich machte keine Entspannungsläufe, keine Steigerungsläufe, keine Intervallläufe, keine Abwechslung, sondern ich lief nur „volle Kanne". Da ich immer alleine lief, wurde es für mich immer schwerer, die mentale Kraft jetzt im zweiten Jahr für das „ich muss immer schneller werden" aufzubringen. Und dann kam der Tag des Wahlholzlaufes 2003. Morgens wachte ich auf und hatte plötzlich eine sehr heftige Erkältung. Wäre es ein Werktag gewesen, hätte ich nicht einmal zur Arbeit gehen können. Auch mittags wusste ich noch nicht, ob ich um 15:00 Uhr würde laufen können. Ich hatte ein halbes Jahr dafür trainiert, deshalb fuhr ich dann doch hin. Im Nachhinein muss ich sagen, dass ich schon eine erstaunliche Energieleistung vollbracht habe. Ich hielt nicht nur durch, ich war sogar schneller als im Vorjahr und war nur drei Sekunden langsamer als im schnellsten Training auf dieser Strecke in diesem Jahr. Doch damals hatte ich andere Gedanken. Ich wollte unbedingt unter 40 Minuten laufen. Hätte ich gesund auch klar geschafft. Aber ich hatte das Ziel verfehlt. Ich hatte ein halbes Jahr trainiert und so viel mentale Energie hineingesteckt, um immer schneller und schneller zu laufen, und dann das! Im entscheidenden Moment versagt. Ich konnte zwar nichts dafür, aber das änderte nichts an der Zeit. 2004 joggte ich in größeren Abständen noch ein paar Mal, aber ich hatte keine mentale Kraft mehr und kam nicht annähernd an die Zeiten von 2003 heran. Da resignierte ich dann komplett.

Diesen Fehler wollte ich in Stadelhofen auf keinen Fall wieder begehen. Ich schaute zwar schon auf die Uhr bevor ich los lief. Das war aber noch in der Wohnung und vor dem Schuheanziehen. Und als ich zurückkam, schaute ich auch erst nach dem Schuheausziehen in der Wohnung wieder auf die Uhr, damit ich keinesfalls eine exakte Zeit als Zwangsjacke hatte.

Jetzt aber: Maier läuft!

Ich wusste, dass ich langsam bin und dass mein Laufen auch langsam aussieht. Als Ziel setzte ich mir, irgendwann so schnell zu laufen, dass es nicht mehr langsam, sondern zumindest ein bisschen sportlich aussieht, und dass ich in dieser Geschwindigkeit auch längere Strecken laufen könnte, ohne dass es mir etwas ausmacht. Vor meinem geistigen Auge lief ein Klaus im wohlig warmen Sonnenschein eines Sommertages auf Feldwegen entlang bunter Blumenwiesen. Mit einem Lächeln auf dem Gesicht lief er, ohne sich zu verausgaben, mal hierhin, mal dorthin, zwischen blühenden Obstbäumen hindurch, dahin, wo er schon immer mal hin wollte, oder einfach irgendwohin. Dieser Klaus lief nicht schnell, aber er lief und lief und lief; vielleicht 9 km oder 15 oder 20 oder einfach immer so weiter, solange wie ein ewig währender Sommertag eben dauern kann.

Ach, schön! Nicht?

Und tatsächlich kam ich diesem Ziel im Juli oder August nach meinem dritten Lauf über mehr als 9 km nahe – so gut es in der Realität eben geht. Das war ein tolles Gefühl!

Mit meinen 45 Jahren und noch dazu als jemand, der schon immer Sport getrieben hat, plagte mich ja auch schon das ein oder andere Zipperlein: Angerissener Außenmeniskus, Kalkschulter, leichte Arthrose in den Knien, hier und da immer wieder ein Zwicken, Einlagen wegen der komischen Füße, die ein oder andere Verspannung aus dem Büro oder dem Volleyballtraining.

Beim Laufen war alles weg!

Dann bekam ich zufällig mit, dass ein guter Schulfreund, der jetzt in Heidelberg wohnte, ab und zu Halbmarathon (21,0975 km) läuft. „Hey, da können wir ja mal zusammen laufen!" Also wollte ich das auch einmal machen! Ich suchte mir eine Strecke von etwa 17 km Länge heraus und probierte das einfach. Uh, das war noch nichts! Ab 11 km wurde es anstrengend und ab 15 km wurde es zu anstrengend. Da fielen die Muskelgruppen in den Beinen eine nach der anderen aus: Oben außen in der rechten Wade (tut weh), außen am linken Oberschenkel (aua), linke Wade innen (eieiei), rechte Wade oben innen (Mist) … bis kaum noch Muskeln in den Beinen übrig waren, mit denen ich mich nach Hause schleppen konnte.

Da war mir klar: „Dieses Jahr wird das noch nichts. Aber nächstes Jahr ganz bestimmt!"

Ich begann im Herbst 2013, meine Läufe etwas auszuweiten. Ein- bis zweimal die Woche lief ich zwischen dreizehn und sechzehn Kilometer. Sommerwiesen gab es keine mehr, aber an der frischen Luft und in der Natur zu laufen, ist einfach herrlich. Im Jahresverlauf bekommt man viele Tiere zu Gesicht: Hasen, Nutrias, Rehe, Störche, Reiher und andere. Wildschweine habe ich bisher noch keine gesehen, dafür wurde ich einmal aus der Luft von einem Bussard angegriffen, der mich von hinten kommend mit seinen Krallen am Kopf kratzte.

So kam ich 2013 auf geschätzte 250 km. Ich ging das Laufen jetzt schon etwas ehrgeiziger und sportlicher an. Seit 2014 schreibe ich jeden Lauf mit Länge und Zeit auf. Aber ich habe gelernt, mir keinen mehr Druck zu machen. Ich laufe manchmal gezielt eine gesteckte schnelle Zeit, ich erlaube mir aber auch mal, so langsam zu laufen oder auch so schnell, wie ich gerade Lust habe. Wenn ich eine gesteckte Zeit nicht erreiche, weil ich Gegenwind habe, zu müde bin, vorher zu viel gegessen habe, es zu heiß ist oder etwas anderes ungeplantes sich dazwischen wirft, dann ist das eben so. Vieles musste ich als Laufanfänger ja erst lernen. Ich muss auch nicht nach Plan auf die Piste gehen. Wenn ich keine Lust habe, habe ich eben keine Lust und laufe nicht. Wenn ich Lust hätte, aber das Wetter schlecht ist, bedauere ich das zwar, aber ich laufe dann auch nicht. Ich lasse mich nicht mehr zum Sklaven meines Ehrgeizes machen.

Auf das Laufen längere Zeit verzichten mag ich nicht. „Laufen macht den Kopf frei." Das ist ein etwas steifer und ungenauer Ausdruck, aber er geht schon in die richtige Richtung. Ich kann und will hier nicht für andere sprechen. Ich weiß nur, wie es mir beim Laufen geht. In Trance versetzt es mich nicht. Ich kann in Trance laufen, wenn es notwendig ist, mehr dazu später. Aber klare Gedanken über einen längeren Zeitraum aufrechterhalten geht auch nicht. Unterwegs rechnen geht unheimlich langsam und ich muss mehrfach wieder von vorne anfangen. Oder Primzahlen der Reihe nach aufzählen: Geht auch nicht. Das habe ich schon ab und zu zum Spaß probiert. Das klappt die ersten zehn, 15 Primzahlen lang, bis ich dann irgendwann plötzlich merke, dass ich schon vor längerer Zeit damit aufgehört habe. An was ich in der Zwischenzeit gedacht habe, weiß ich dann auch nicht mehr. Vielleicht ist das ja eine Trance-Vorstufe. Die meisten Verspannungen lösen sich, nicht nur körperliche, auch seelische. Komme ich gestresst oder total genervt von der Arbeit nach Hause und gehe laufen ist danach alles wieder gut. Klingt kitschig ist aber so. Das Laufen funktioniert bei mir so, wie wenn man einen Reset-Knopf drückt. Und dabei ist es egal, wie schnell oder weit ich laufe. Neulich kam meine Freundin Ina abends zu mir und wir hatten beide keinen guten Tag erwischt. Ich war aber vorher noch laufen. Ich merkte ihr an, dass sie vom Tag erschlagen und noch genervt war. Sie fragte mich dann irgendwann: „Mensch, warum bist du eigentlich so gut drauf?" Da antwortete ich: „Ich war laufen!"

„Maier läuft" als Wettkampfmarke

Im Dezember 2013 / Januar 2014 legte ich eine Laufpause von acht Wochen ein. Die ersten drei Wochen konnte ich keinen Termin finden, denn ich war vom Volleyball und anderen Dingen eingespannt. Anschließend wollte ich schauen, ob die Alterszipperlein besser werden, wenn ich über Weihnachten und Neujahr drei Wochen Sportpause mache. Nein, sie wurden weder besser noch schlechter. Also konnte ich genauso gut wieder Sport treiben. Und dann zog ich mir im „Montagabendtraining" beim Handballspielen eine Adduktorenzerrung zu. So konnte ich erst im Februar wieder mit dem Laufen beginnen. Ich habe im Internetportal „lauftreff.de" im Laufkalender nach Läufen gestöbert. Im März gab es einen 15 km Lauf in Karlsruhe. „Zu einem Lauf extra eine Dreiviertelstunde nach Karlsruhe fahren? Und dann total fertig mit dem Auto auf der Autobahn wieder zurückfahren? Na ich weiß nicht." Trotzdem schaute ich mir die Strecke im Internet genau an.

Dann kam der Rosenmontag (03.03.2014). Ich wohnte zwar jetzt in Stadelhofen, arbeitete aber weiterhin in Oppenau. Am Rosenmontag ist die Verwaltung, in der ich arbeite, traditionell geschlossen, weil da der große Rosenmontagsumzug stattfindet. Über 10.000 Zuschauer bevölkern regelmäßig das Städtchen, das nicht halb so viele Einwohner hat. Bisher hatte ich den Umzug immer mit Frau und Kindern angeschaut. Aber dieses Jahr war ich ja getrennt und hatte gar keine Lust auf Umzug. Da fiel mir der 15 km Rißnertlauf wieder ein. Ich druckte morgens im Büro die Strecke aus, fuhr mittags nach Hause, packte meine Sachen und fuhr nach Karlsruhe in den Wald. Dort lief ich die Strecke ab - am Rosenmontag! An den Kreuzungen musste ich immer etwas langsamer machen, um mich zu orientieren. Ansonsten war ich flott unterwegs. Die letzten zwei, drei Kilometer wurden verdammt schwer und ich wurde dabei immer langsamer. Im Auto hatte ich Äpfel, Sprudel und eine Tafel Schokolade als Energiespender deponiert. Das musste ich alles aufessen, um aus meiner Erschöpfung wieder herauszukommen. Dieser etwas ungewöhnliche Rosenmontag war dann aber der Startschuss für meine kommenden Rennen.

Als ich mich online anmelden wollte, kamen bei mir aber noch ein paar Fragen auf: „Welchen Verein muss ich angeben? Ich bin zwar in zwei Vereinen Mitglied, aber keiner hat eine Laufabteilung. Ist die Strecke ausgeschildert? Gibt es zur Orientierung unterwegs km-Angaben? Gibt es Getränke unterwegs und im Ziel?" Mein Ansprechpartner nahm mir meine Bedenken und meinte, ich könnte als Verein irgendetwas oder gar nichts eintragen, weil viele Hobbyläufer teilnehmen, die in gar keinem Verein sind. „Was könnte ich da eintragen, das nicht blöd klingt und vielleicht doch ein bisschen originell auf jeden Fall aber passend ist?" So kam mir die Idee, dass ich ab jetzt „Maier läuft" bin.

Rißnertlauf Karlsruhe-Rüppurr, 15 km, 16.03.2014

Mein erster Lauf. Oh, war ich nervös! Aber nach dem Startschuss ging's dann besser. Ich wusste schon, dass ich nicht zu schnell angehen sollte, und ich wollte mich nicht mit der Menge mitreißen lassen. Das klappte auch gut, da der Weg sowieso etwas eng war und es zu Beginn etwas langsamer vorwärtsging. Neben der Strecke stand nach jedem Kilometer ein Täfelchen, sie war ausgeschildert und Helfer wiesen an den Kreuzungen zusätzlich den richtigen Weg. Ich hatte die richtige Geschwindigkeit, ließ mich nicht verführen, an Überholenden dran bleiben zu wollen. Es lief alles optimal. Dann kam auch ein Getränkestand, an dem Tee und Wasser gereicht wurden. Ich entschied mich spontan für das Wasser. So, da lief ich also mit einem Becher Wasser in der Hand.

„Und jetzt?"

„Was mache ich damit? Anhalten und in Ruhe trinken?"

Aber irgendwann musste ich sowieso lernen, im Laufen zu trinken. Also konnte ich das gleich beim ersten Lauf probieren. Das Trinken geriet dann eher zu einem gezielten „Wasser-ins-Gesicht-schütten" mit zwischenzeitlichem Schlucken. In dieser Disziplin war ich wohl eher weniger talentiert, aber ich war schneller, als die, die im Stehen getrunken hatten, ha! Doch bemerkte ich sofort, dass ich einen Fehler gemacht hatte. Im kalten März sollte man bei den Getränken nie, nie, nie das kalte Wasser, sondern auf jeden Fall, immer und ganz bestimmt den warmen Tee nehmen! Der ist meistens noch gesüßt und setzt neue Kräfte frei. Die letzten zwei, drei Kilometer waren auch im Rennen verdammt schwer, aber dieses Mal wurde ich nicht langsamer, sondern konnte das Tempo halten. Die Zeit von 1:35:24, ein Schnitt von 6,4 min/km, war für mich gemessen an den Trainingszeiten großartig. Erster wurde Sebastian Kienle, der im Spätjahr auf Hawaii den Ironman gewann. Ich war also „gegen" einen künftigen Weltmeister gelaufen.

Stadtlauf Stutensee, 10 km, 06.04.2014

Nach dem Rißnertlauf fühlte ich mich auf einem guten Weg zum ersten Halbmarathon. Am 12.04.2014 sollte es dann so weit sein. Davor passte der Stutenseer Stadtlauf eigentlich ganz prima in meine Vorbereitung. Der Stadtlauf hatte dieses Jahr eine geänderte Streckenführung und führte keinen einzigen Meter durch die Stadt, sondern zuerst durch den angrenzenden Wald und anschließend durch Wiesen und Felder. Nach dem Erfolg beim Rißnertlauf und den Trainingsleistungen war mein Ziel eine Zeit unter 63 Minuten. Da ich in der Woche zuvor Probleme mit einem verkrampften Schienbeinmuskel hatte, ging ich die beiden ersten Kilometer etwas verhalten an und ging dann in ein Tempo über, das ich für ein passendes Renntempo hielt. Unterwegs kam dann der unvermeidliche, aber auch hilfreiche Stand mit den Getränken. Und wieder: „Warum habe ich das noch nie trainiert?" Da es deutlich wärmer war als drei Wochen zuvor, war doch das kalte Wasser die bessere Wahl. Und es klappte mit dem Trinken diesmal auch etwas weniger schlecht.

Ich wusste ja, dass ich, um das Tempo zu halten, die letzten zwei Kilometer hart kämpfen musste, also kämpfte ich und gab alles, was noch möglich war.

Im Ziel stellte sich heraus, dass ich dieses Mal das Tempo nicht nur halten konnte, sondern sogar schneller geworden war.

In völlig unerwarteten 59:06 Minuten kam ich ins Ziel.

Rheinvolkslauf Maximiliansau, Halbmarathon, 12.04.2014

Nach dem Rißnertlauf überlegte ich, welche Streckenlänge ich als Halbmarathontest wählen sollte. Sie sollte möglichst nahe an 21,1 km heranreichen, aber noch ohne Getränke unterwegs zu bewältigen sein, weil ich keinen Flaschenhalter oder ähnliches hatte. Ich tüftelte mir im Internet eine Strecke zusammen, die 18 km lang war. So weit war ich noch nie gelaufen und ich wollte in Maximiliansau ja noch weiter laufen. Also ging ich den Lauf in entsprechend gemäßigtem, aber gleichmäßigem Tempo an. Ich hatte es dann auch tatsächlich geschafft; zwar recht erschöpft, aber ohne größere Probleme, in 7,2 min/km. Da ich unter 2:30 Stunden bleiben (denn nach dieser Zeit war Zielschluss angekündigt), aber auch durchkommen wollte, rechnete ich mir aus, dass ich keinesfalls schneller als 7 min/km laufen durfte.

In Maximiliansau angekommen, holte ich zuerst meine Startnummer in der Turnhalle ab, bezahlte das Startgeld und bekam ein Antrittsgeschenk, und zwar eine Stirnlampe. „Ein Antrittsgeschenk? Nicht schlecht!" Danach ging ich auf die Toilette, machte mich draußen warm und ging zurück in die Halle. Dort setzte ich mich an einen Tisch und sah mir die Leute an. Kurz bevor ich wieder hinaus und zum Start gehen wollte, setzte sich mir gegenüber ein Läufer hin. Er zog sein altes T-Shirt aus. Da fielen mir sofort seine abgeklebten Brustwarzen auf. Aus seinem kleinen, etwas zerlumpten Rucksack holte er ein noch älteres T-Shirt und seine auch nicht gerade neuen Laufschuhe heraus und zog sich an. Dann machte er seine Startnummer fest, lies den Rucksack liegen und ging zum Start. Mit großem Vorsprung hat er dann den Halbmarathon gewonnen. Über ein Jahr später sah ich mir Teile des Hamburg-Marathons an. Es wurden auch die Pacemaker von Sabrina Mockenhaupt gezeigt. Plötzlich dachte ich: „Den kenne ich doch!" Als der Sprecher dann den Namen Tobias Sauter erwähnte, dachte ich wieder: „Na klar kenne ich den, wo war das noch mal?" Ich kramte in den alten Siegerlisten und fand ihn dann: „Natürlich, das war doch der zerlumpte Sieger aus Maximiliansau!"

Ziemlich nervös ging ich also zum Start. Der Start befand sich mitten in einem Wohngebiet neben einem Schulhof. Da alles betoniert war und die

Sonne schien, war es schon recht warm und ich befürchtete, dass die Getränkestände nicht ausreichen würden. Aber pünktlich zum Start bedeckte sich der Himmel und es waren unterwegs sehr angenehme Temperaturen. Dann ging es los. Unter 2:30 Stunden, und wenn es sich einrichten lässt, nicht letzter werden, so hatte ich mir das gedacht.

Die ersten fünf Kilometer liefen wir Halbmarathonis zusammen mit den 10 km Läufern. Im Pulk lief es sich recht angenehm, aber dann wurde es einsam, zumindest bei mir ganz hinten im Feld. Es fiel mir schwer, so alleine mein angepeiltes Tempo einzuhalten. Ich musste mich ständig bremsen, weil ich ganz automatisch in einen schnelleren Rhythmus fallen wollte. Nachdem mir das Laufen in einem „falschen", in dem Fall zu langsamen, Rhythmus immer schwerer fiel, warf ich etwa bei 8 km meine Vorgaben über Bord und lief in dem Tempo, das mein Körper mir vorschlug. Zuerst hatte ich Bedenken, dass ich das Tempo nie und nimmer durchziehen könnte. Aber das Laufen war jetzt sehr viel angenehmer und schließlich konnte ich zur Not die letzten Kilometer auch gehen. Ich wollte das jetzt einfach ausprobieren.

Tatsächlich kam dann bei 16,5 km auch der „Hammer". Ich kam nur noch wie in zähem Schleim vorwärts. Dazu führte die Strecke jetzt kerzengerade direkt neben dem Rhein entlang und der nächste Abzweig schien unendlich weit entfernt zu sein. Ich versuchte, mich abzulenken, indem ich mir die vorbeifahrenden Schiffe anschaute. Nach ein paar Kurven kam bei 18,5 km der letzte Getränkestand in Sicht, der sich etwa einen Kilometer vor dem Ziel befand. Das setzte dann die letzten Kräfte frei und ich wusste, dass ich den Rest jetzt schaffen konnte. In vorher nicht für möglich gehaltenen 2:21 Stunden kam ich ins Ziel, mit einem Schnitt von 6,7 min/km! Völlig fertig, völlig glücklich - ich hatte „gewonnen"! Und letzter war ich auch nicht.

Der Tiefpunkt bei 16,5 km kam übrigens nicht nur daher, dass ich schneller lief als geplant. Bei vielen und vor allem bei Laufanfängern ist das im Halbmarathon der Punkt, an dem „der Hammer kommt" oder es zumindest deutlich schwieriger wird.

Und ich habe gelernt, dass es ganz wichtig ist, in einem Rhythmus zu laufen, bei dem man sich wohlfühlt.

Frühlingslauf St. Leon-Rot, Halbmarathon, 04.05.2014

So, jetzt war es so weit. Eigentlich wollte ich den Halbmarathon nur probieren, um ihn einmal mit meinem Schulfreund Marcus zu laufen. Jetzt wurde es wahr und es war schon mein zweiter Halbmarathon.

St. Leon-Rot ist deutlich über eine Stunde Fahrtzeit entfernt und da nahm ich das Angebot von Marcus, bei ihm zu übernachten, gerne an. Am Abend vorher bin ich zu ihm nach Heidelberg angereist und er hat mir die Fußgängerzone gezeigt. Anschließend waren wir noch gemütlich Essen: Schweinshaxe und Bier, typisches Touristenessen, aber lecker.

Am nächsten Morgen gab es kein Müsli zum Frühstück, wie ich es gewohnt war, sondern Honigbrötchen. Und ich habe festgestellt, dass Brötchen mit süßem Aufstrich viel leichter und schneller verdaut sind als Müsli.

In St. Leon-Rot kamen wir dann später an als wir geplant hatten. Aber vor einem Halbmarathon muss man sich nicht allzu sehr warmlaufen.

Nach dem Start liefen wir noch zwei Kilometer zusammen, dann lies ich Marcus aber ziehen, da er einfach zu schnell für mich war. In den letzten Tagen hatte ich mir eine leichte Verspannung in der rechten Wade hineingelaufen, die mir jetzt doch mehr zu schaffen machte. Recht schnell fand ich eine Gruppe, von der ich mich mitziehen lies. Nicht nur der richtige Rhythmus ist wichtig. Auch ein schöner Anblick macht das Laufen leichter: Vor mir lief eine Frau in Lauftights mit einem sehr ästhetischen, runden, sexy Po. Nach neun Kilometern schmerzte die rechte Wade immer noch dermaßen, dass ich dachte: „Wenn das jetzt nicht bald besser wird, muss ich aufgeben." Und das fand ich keine akzeptable Option. Ich versuchte, über eine Veränderung der Schrittlänge eine Besserung herbeizuführen. Das hat dann auch tatsächlich geklappt. Die Beschwerden waren kurz darauf fast weg. Jetzt konnte ich meinen „Ausblick" wieder besser genießen. Leider wurde die Läuferin vor mir nach 13 km langsamer und ich musste sie schweren Herzens überholen. Bei 18 km fand ich dann wieder eine Gruppe, mit der ich den Endspurt einlegen konnte. In hervorragenden 2:10 Stunden kam ich ins Ziel. Ich war damit eine halbe Minute pro Kilometer schneller als in Maximiliansau!

Mein Kreislauf erholte sich von Lauf zu Lauf immer besser, und ich musste nicht mehr so viel essen und trinken, um wieder zu Kräften zu kommen, aber meine Wade und der ganze Rest taten doch ziemlich weh. Nach dem Duschen genehmigten wir uns ein „Siegerbier" und einen Imbiss vor Ort. Dann fuhren wir wieder nach Heidelberg zurück. Um unsere Muskulatur ein bisschen zu entspannen, zeigte mir Marcus zu Fuß noch andere Teile von Heidelbergs Innenstadt, bis wir dann in der Nähe seiner Wohnung in einem Straßencafé den schönen sonnigen Tag bei Kaffee und Kuchen genossen. Zum Glück bestand ich auf einem Platz im Schatten. Denn ich hatte die Sonnencreme vergessen. Abends bemerkte ich dann auch, dass ich auf dem Kopf, da wo die Haare recht dünn sind bzw. wo eigentlich gar keine mehr sind, einen leichten Sonnenbrand hatte.

Volksläufe

Bevor ich zum nächsten sehr ereignisreichen Lauf in Rülzheim komme, möchte ich in einem speziellen Abschnitt etwas über Volksläufe erzählen: Wie alles abläuft und wie man am besten vorgeht.

1. Suche und Anmeldung
Im Internet finden sich viele Portale für die Laufsuche. Am besten finde ich aber mit Abstand lauftreff.de. Hier gibt es einen Laufkalender (www.lauftreff.de/laeufe/laufkalender.html), in dem fast alle Volksläufe in Deutschland, Schweiz und Österreich sehr übersichtlich aufgeführt sind. Natürlich wissen auch die Vereine mit Laufabteilung Bescheid.

Bevor ich mich anmelde, vor allem bei einem Halbmarathon, schaue ich in der Ergebnisliste des Vorjahres wie schnell die Letzten waren. Denn, wenn zu befürchten steht, dass ich Letzter werde, melde ich mich nicht an.

Die Läufe, an denen ich bisher teilgenommen habe, sind alle hervorragend organisiert, wenn man von den Anekdoten im Folgenden einmal absieht.

Über die Internetportale kommt man auf die Veranstaltungs-Webseiten. Dort gibt es die Ausschreibung mit allen wichtigen Informationen (Startzeit, Startgebühr, Anfahrt). Hier kann man sich online anmelden. Man kann sich aber auch jeweils vor Ort bis eine halbe Stunde vor dem Start nachmelden. Manchmal gibt es online auch eine Karte mit eingezeichnetem Streckenverlauf und selten auch mit eingezeichneten Getränkestellen.

2. Anfahrt und Ankunft
Gerade in den warmen Monaten sind die Läufe vormittags. Je heißer der Monat, desto früher startet der Lauf. Das hat auch den Vorteil, dass bei der Anreise mit dem Auto auf den Straßen nie etwas los ist. Wenn man dann im Ort angekommen ist und ungefähr weiß, in welcher Ecke die Veranstaltung ist, kann eigentlich nichts mehr schief gehen. Entweder ist es ausgeschildert oder man fährt einfach der Masse hinterher. Parkplätze gibt es immer genügend und fast immer auch in unmittelbarer Startnähe.

Während der Anfahrt mit dem Auto höre ich immer „meine Musik":

Rock, laut und kompromisslos. Zum Einen versuche ich damit, mich vor dem Rennen etwas aufzuputschen. Was allerdings nicht viel Sinn macht, da es zum Start noch eine Weile hin ist. Aber ich fühle mich gut dabei. Und zum Anderen verhindert es, dass mir im Rennen die ganze Zeit ein Lied im Kopf herumgeistert, das ich überhaupt nicht leiden kann, aber als letztes im Autoradio lief.

Ich versuche immer, ca. eine Stunde vor dem Start dort zu sein. Wenn ich angekommen bin, halte ich zuerst nach den Toiletten Ausschau. Erstens muss ich nach einer längeren Autofahrt immer pinkeln und zweitens versuche ich, noch einmal Stuhlgang zu haben. Gerade bei einem Halbmarathon kann es sehr unangenehm werden, wenn im Darm etwas hinaus will und man ständig dagegen drücken muss. Weil das Viele so halten, ist die Schlange an den Toiletten immer entsprechend lang. Die besten Chancen hat man dann, wenn man früh dran ist und gleich ansteht.

3. Anmeldung

Anschließend geht's zur Anmeldung und Startnummernausgabe. Die Stände sind eingeteilt in Voranmeldung und Nachmeldung. Manchmal sind auch die verschiedenen Läufe getrennt und innerhalb dieser die Startnummern dann noch einmal nach Anfangsbuchstaben der Läufer unterteilt.

Da es auch vorkommen kann, dass die Online-Anmeldung ausgefallen ist, und man sich überraschend nachmelden muss, sollte man die Anmeldung schnell hinter sich gebracht haben. Auch bei der Startnummernausgabe kann es natürlich zu langen Schlangen und Verzögerungen kommen. Es wird zwar kein Lauf gestartet, solange die Läufer noch auf ihre Startnummer warten, aber die ganze Vorbereitung auf den Lauf kommt komplett durcheinander.

Die Startgebühren liegen für einen Halbmarathon bei acht bis zwölf Euro und für 10 km bei fünf bis sieben Euro. Bei manchen Läufen, bei denen ich bisher nicht teilgenommen habe, gibt es auch ein Shirt; dann kostet der Start entsprechend mehr.

4. Überblick verschaffen

Bei fast allen Volksläufen gibt es neben dem Hauptlauf auch noch andere Läufe. So kann man als Zuschauer je nach Größe der Veranstaltung auch vier Stunden vor Ort bleiben, ohne dass es langweilig wird: Halbmarathon, 10 km, 5 km, Walking, Schülerläufe, Bambiniläufe und alle mit Livekommentierung vom Stadionsprecher. Dazwischen wird natürlich auch für das leibliche Wohl gesorgt oder man kann an den Verkaufsständen für Sportbekleidung, Freizeitbekleidung, Schuhe, Ernährung, und, und, und ein bisschen bummeln gehen.

So, nach der Anmeldung verschaffe ich mir dann einen Überblick über die Veranstaltung. Was gibt es alles und wo gibt es das, wo sind die Duschen und vor allem wo ist der Start und wo ist das Ziel? Es liegen immer Flyer für andere Läufe aus. Das kann interessant sein, weil doch nicht alle auf lauftreff.de gemeldet sind oder weil es sich um einen Triathlon, Crosslauf oder so etwas handelt.

Bei wenigen Läufen gibt es eine Sporttaschenbetreuung. Da hat man die Tasche schon dabei und muss nicht mehr zum Auto zum Umziehen zurück. Wenn man zum zweiten Mal an demselben Lauf teilnimmt, weiß man das alles ja schon.

Auf der Fahrt zum Lauf bin ich nur halb umgezogen. Die Schuhe und das endgültige Oberteil ziehe ich erst vor Ort an. Beim Umziehen am Auto oder in der Halle werden auch Startnummer und Transponder für die Zeitnahme angebracht. Für die Startnummern habe ich immer meine eigenen Sicherheitsnadeln, weil man nach dem Lauf nie weiß, wo man sie wieder abgeben kann. Im Ziel wird ein Barcode auf der Startnummer eingescannt oder ein Transponder übernimmt das automatisch. Der Transponder ist entweder an der Startnummer angebracht oder man muss ihn am Schuh festbinden. Bei ganz großen Veranstaltungen muss man einen kaufen oder seinen eigenen Chip mitbringen. Das wird dann aber in der Ausschreibung erwähnt. Bei meinen Starts war das bisher nie der Fall.

5. Kleidung

Auf dem Weg zwischen Parkplatz und Anmeldung kann man sich dann auch schon einmal überlegen, was für ein Oberteil man anzieht. Zum Lauf benötigt man auf jeden Fall nicht so viel zum Anziehen wie als Zuschauer. Aber da hat wohl jeder vom Training schon so seine Erfahrungen mit dem richtigen Outfit gemacht. Doch wenn es nicht gerade Winter ist, zieht man lieber eine Schicht weniger an, denn im Lauf ist man schneller als im Training und hat es dadurch wärmer.

Witzig ist es, sich die Bilder von einem Winterlauf anzuschauen. Da gibt es die ulkigsten Kombinationen. Die einen laufen eingemummt wie im tiefsten Winter (ok, es ist ja Winter) mit dicker Hose, dicker Jacke, warmem Schal, Handschuhen und Mütze. Die anderen laufen wie im Sommer mit dünner kurzer Leichtathletikhose und ärmellosem dünnen Shirt. Dazwischen gibt es kunterbunte Mischungen: kurze Hose, kurzärmliges Shirt, aber mit Handschuhen und Mütze; oder: kurze Hose mit dicker Jacke und Ohrenwärmern. Es ist alles dabei.

Man sollte sich auch nicht davor scheuen, die Brustwarzen abzukleben. Wenn man wie ich eher ein Schönwetterläufer ist, hat man damit in der Regel keine Erfahrungen aus dem Training. Die Nippel stellen sich gerne auf, wenn es feucht ist. Die Temperatur spielt dabei keine Rolle. Sie können auch fest sein, wenn es kalt ist und man zu wenig angezogen hat. Dann scheuern sie bei jedem Schritt am Shirt und werden ganz schnell wund. Es kann Tage gehen, bis die Wunden abgeheilt sind. Anfangs habe ich das Tape aus meiner Sporttasche genommen. Das hält aber verdammt gut und tut beim Wegmachen entsprechend heftig weh. Wie kann man auch nur so blöd sein! Viel besser ist da Leukosilk. Noch angenehmer ist es natürlich, wenn man die Haare um die Brustwarzen vorher rasiert. Da ich aber außer auf dem Kopf recht behaart bin, würde das bei mir eher wie bei einem gerupften Huhn aussehen. Zusätzlich kann man die Brustwarzen noch mit einem Fett einreiben, dann löst sich das Leukosilk dort noch besser.

6. Läuferische Vorbereitungen

Wenn man das nicht schon vorher gemacht hat, kann man sich vor oder nach dem ersten Einlaufen einen Überblick über die Veranstaltung verschaffen. Ich versuche, mich spätestens 30 Minuten vor dem Start warm zu machen und einzulaufen. Bei 10 km sind das grob um die zwei Kilometer mit Dehnübungen. Bei einem Halbmarathon weniger. Das ist aber individuell sehr verschieden. Ich denke, die Topläufer machen da deutlich mehr. Anschließend ist Ausruhen oder Small Talk angesagt, noch einmal etwas trinken, noch einmal pinkeln. Entweder geht man dazu in die Natur (das machen übrigens auch Frauen) oder zum Pissoir. Da muss man sich dann an der richtigen Schlange anstellen. Denn beim Pissoir gibt es oft gar keine. Also ruhig in den Toilettenraum hineingehen und schauen, ob und wo man sich anstellen muss. Etwa zehn Minuten vor dem Start kann man sich dann auf den Weg machen und diesen auch für Lockerungsübungen oder weiteres lockeres Einlaufen nutzen. Fünf bis drei Minuten vor dem Start sollte man schließlich an der richtigen Stelle stehen.

7. Der Lauf

„Und wo ist jetzt die richtige Stelle für mich?" Grundsätzlich sollte man sich dort im Feld einsortieren, wo man auch im Ziel ankommt. Anhand der Ergebnisliste des Vorjahres, die auf der Veranstaltungshomepage zu finden ist, kann man schauen, bei welcher Zeit man wo im Feld landet. Wenn man weiß, dass man am Ende des Mitteldrittels oder im vorletzten Fünftel oder wo auch immer ankommen wird, sollte man sich beim Start auch dort einsortieren. Bei vielen Läufen ist die Strecke nach dem Start, gemessen an der Anzahl der Läufer, recht schmal und man kann schlecht überholen. Da wäre es unfair, sich als Bremsklotz für die besseren Läufer viel zu weit vorne einzusortieren. Ein bisschen weiter vorne ist ok, wenn man sich die ersten Kilometer vom Feld mitziehen lassen will.

Die durchschnittlichen Volksläufe haben um die 300 bis 500 Läufer beim Hauptlauf. Da ist schon ordentlich was los.

So kann es auch ganz schön dauern, bis man zur Startlinie durchgedrungen ist. Bei manchen Läufen wird deswegen zu der Zeit von Startschuss bis Zieleinlauf (Bruttozeit) zusätzlich noch die Zeit von Startlinie bis Zieleinlauf (Nettozeit) genommen. Für die Ranglisten und Bestenlisten ist nur die Bruttozeit maßgebend. Und auch auf den Urkunden erscheint die Nettozeit äußerst selten. Aber so weiß man wenigstens, wie schnell man tatsächlich war. Und für die persönliche Rekordliste darf ruhig auf die Nettozeit zurückgegriffen werden.

Die Strecke ist in der Regel so ausgezeichnet und mit Helfern versehen, dass man sich nicht verlaufen kann. Jeder Kilometer ist mit einem Schild gekennzeichnet und Getränkestationen sind auch immer genügend vorhanden. Oft wird auch bei 1 km die aktuelle Zeit angesagt.

Vor dem Start bin ich immer nervös. Marcus belächelt mich deswegen zwar, aber bei mir ist das nun einmal so und ich stehe auch dazu. Auch vor einem Volleyballspiel bin ich immer noch etwas nervös. Das muss ja nichts Schlechtes sein. Dann hat man umso mehr Adrenalin im Blut.

Peng, jetzt geht's los!

„Was jetzt schon?"

Nur nicht überraschen lassen. Bei manchen Starts wird die letzte Minute angesagt und dann gemeinsam von zehn auf null gezählt: Peng! Aber manchmal bekommt man schon 20 m hinter der Startlinie nichts von irgendetwas mit und es gibt auch keinen Startschuss. Also sollte man immer wachsam sein!

Jetzt kommen wir zur Laufeinteilung. Alleine darüber könnte man eine mehrbändige Buchreihe herausgeben. Ich glaube aber, dass die meisten Läufer das intuitiv gut genug machen. Bei mir ist es so, dass ich in einem richtigen Rennen pro Kilometer 0,2 Minuten (also 12 Sekunden) schneller bin als in einem ernsthaften schnellen Trainingslauf. Auf dem ersten halben Kilometer, wenn noch das meiste Adrenalin im Blut ist, darf man sich auch nicht wundern, wenn man gemessen an der Geschwindigkeit in viel zu langsamem Rhythmus atmet. Da muss man sich einfach an der Geschwindigkeit ausrichten. Die Atmung regelt sich bald von alleine.

Bei einem 10 km Lauf versuche ich, bis 4 km (beim Halbmarathon bis 10 km) in einem soliden Grundrhythmus zu atmen (drei Schritte ein- und vier Schritte ausatmen). Dann falle ich zwangsläufig in einen schnelleren Rhythmus. Ab 6 km (beim Halbmarathon 13 km Stufe eins und 16 km Stufe zwei) werde ich eigentlich müde und muss versuchen, das irgendwie zu überbrücken. Hilfreich sind da Getränkestellen, an denen man doch etwas langsamer läuft und dadurch zusammen mit süßem Tee neue Kräfte - auch wenn es nur psychische sein mögen - tanken kann. Hier gilt aber auch, dass weniger mehr sein kann. Wenn man die erste Hälfte etwas langsamer angegangen ist als geplant und dabei Kräfte sparen konnte oder eben in der Phase nach 6 km bzw. 13 km ein klein wenig das Tempo drosselt, kann es sein, dass sich das in der zweiten Hälfte bzw. im Rest des Rennens doppelt auszahlt. Leider muss das aber nicht zwangsläufig so sein. Ab 8 km (beim Halbmarathon 18 km) wird dann das Tempo zum Endspurt gesteigert. Auf dem letzten Kilometer und erst recht auf den letzten 500 m heißt es dann: „Gib alles!"

Man kann natürlich auch die komplette Distanz in einem Tempo durchlaufen. Man kann auch in der Gruppe laufen und sich dabei unterhalten. Bei mir ist da im Gegensatz zum Training mehr die Konzentration angesagt. Ich horche laufend in mich hinein: „Kann ich mit dem, der mich gerade überholt, mitgehen? Soll ich jetzt schon in einen anderen Atemrhythmus wechseln oder stattdessen die Schrittlänge variieren? Was machen meine Muskeln - was geht noch? Wo ist gerade ein sexy Hintern, dem ich hinterherlaufen kann? Schalte ich einen Gang zurück und wenn ja, wie lange? Schließe ich zu der Gruppe da vorne auf?"

Wie gesagt, man könnte ganze Bücher schreiben ...

8. Zielankunft

„Warum tut man sich das eigentlich nur an?"

Das steht in vielen Gesichtern nach dem Zieleinlauf geschrieben. Und manche Läufer sagen das auch tatsächlich.

Wenn man einigermaßen trainiert ist, erholt man sich aber relativ schnell wieder.

Bei manchen Läufen steht in der Ausschreibung bei der Startgebühr „+ 1 Euro Becherpfand". Jetzt erfährt man, was das bedeuten soll. Wankt man nach dem Zieleinlauf in Richtung Verpflegungs- / Getränkestation, bekommt man einen IKEA-Trinkbecher in die Hand gedrückt. Den kann man dann beliebig oft mit Tee oder Wasser oder was es gerade gibt füllen. Wenn man fertig ist, gibt man ihn wieder ab und bekommt den Euro zurück. Ich betrachte das als eine sehr sinnvolle Idee. Denn sonst gibt es nur noch mehr Einwegbecherabfall.

Spätestens jetzt ist die schlimmste Erschöpfung gewichen und Zufriedenheit macht sich breit - wenn die Zeit gut war, umso mehr - und man denkt schon über den nächsten Lauf nach, den man sich antun will. Man könnte ja die Läufe einfach ganz gemütlich wie im Training absolvieren. Da spricht auch gar nichts dagegen. Nur bei mir melden sich dann der Ehrgeiz und die Lust, mich manchmal einfach so richtig zu verausgaben.

9. Auslaufen und Duschen

Wenn man noch kann ist es sinnvoll ein bisschen auszulaufen und sich zu dehnen. Anschließend geht es zum Duschen. Beim Duschen darf man nicht zimperlich sein. Da ich eigentlich immer mindestens eine Dreiviertelstunde mit dem Auto anfahren muss, möchte ich auch gerne duschen. Außerdem trinke ich nach dem Lauf immer ein „Siegerbier" - natürlich alkoholfrei - und das schmeckt geduscht einfach besser.

„Meine" Volksläufe haben zwischen 300 und 1.300 Läufer. Das hat Konsequenzen. Duschen: kalt oder eiskalt - Umkleideräume: überfüllt und überhitzt, also Gang benutzen oder im Freien umziehen. Warm duschen ist zwar angenehmer, aber kalt duschen ist auch nicht wirklich schlimm, vor allem nicht im Sommer. Im Freien umziehen, macht auch nichts, denn man ist ja nicht der Einzige und irgendwann ist einem das auch schlichtweg egal.

Nach dem Duschen kann man auch gleich die Ergebnislisten einsehen, die immer ausgehängt werden, wenn ein Blatt voll ist. Bin ich dann zuhause angekommen, sind die Ergebnisse oft schon online einsehbar. Außerdem kann man auch eine Urkunde online ausdrucken. Oft werden auch zeitnah Bilder vom Lauf im Internet eingestellt und ein Bericht veröffentlicht.

Während eines Laufes verliert man ja unbestritten viel Flüssigkeit. Nach dem Zieleinlauf und nach dem Duschen hat man genug Gelegenheit, den Flüssigkeitshaushalt wieder auszugleichen. Aber interessanterweise muss ich danach ständig pinkeln gehen. Es wird also wohl doch nicht alles Getrunkene sofort aufgenommen.

Südpfalzlauf Rülzheim, Halbmarathon, 09.06.2014

So, und was war jetzt in Rülzheim alles los?

Mein Ziel war es, unter 6 min/km zu laufen, also eine Endzeit von 2:06:35 Stunden. Das war zwar ehrgeizig, aber durchaus im Bereich des Möglichen. Die Strecke war sehr schön zu laufen. Bis auf den Start und eine kurze Strecke unterwegs führte sie durch den Wald, zum Teil auch über federnde Waldwege. Recht bald nach dem Start fand ich mich in einer kleinen Gruppe, die genau mein anvisiertes Tempo lief. Und wieder hatte ich einen herrlichen hübschen Po vor mir! Es lief alles super und ich fühlte mich gut dabei.

Nach 8 km fühlte ich mich immer noch gut, dachte aber: „Noch 13 km, das kommt mir jetzt aber doch noch ziemlich weit vor."

Von Kilometer zu Kilometer wurde es anstrengender, mit der Gruppe mitzuhalten. Aber ich war ja auch schnell unterwegs und körperlich ging es mir noch gut.

Bei 13 km: „Noch acht Kilometer! Das ist ja noch ewig hin! Das kommt mir heute irgendwie viel weiter vor also sonst." Und dann: „Scheiße, ich muss abreißen lassen, sonst schaffe ich das gar nicht mehr."

Die nächsten Kilometer wurde es immer anstrengender und zäher und ich kontinuierlich langsamer.

Bei 15 km war ich noch sehr deutlich unter der Zeit vom 15 km Rißnert-Lauf, aber mir war da schon klar, dass das heute mit den 6 min/km nichts mehr werden würde.

Dann kam Kilometer 16. Ab hier ging fast gar nichts mehr. Das ist zwar schon die Distanz, bei der „der Hammer" plötzlich zuschlagen kann, aber dieses Mal war er die letzten Kilometer schon laut hinter mir her getrampelt und sagte jetzt zu mir: „Dong! Dong! Dong! Dir geb' ich's jetzt aber mal so richtig auf die Glocke!"

Es war anders als sonst. Es waren nicht die Muskeln, die schmerzten oder sich müde anfühlten. Der Atemrhythmus stimmte auch, da war noch genug Luft nach oben. Aber trotzdem kam einfach keine Leistung mehr auf die Strecke.

„Das kann doch nicht die Hitze sein! Wir sind doch hier im Wald. Und außerdem sind wir als Jugendliche ständig im Sommer in der prallen Sonne herumgerannt und haben Fußball gespielt. Auch Rundenspiele wurden bei der größten Hitze durchgezogen ... keuch, keuch ... Hm, das war vor 30 (dreißig!) Jahren. Und als Erwachsener hatte ich das nicht mehr gemacht ... keuch, keuch ... ist wohl doch die Hitze", kam ich zu dem Schluss. Ich nahm dann bei den letzten beiden Getränkestellen jeweils zwei Becher. Einen zum trinken und einen, um mir das Wasser über den Kopf zu schütten. Dabei lief mir die Soße die Brust hinunter. Die Brustwarzen scheuerten sich in null Komma nichts wund und es dauerte dann noch eine halbe Woche, bis alles wieder abgeheilt war.

Das Stück ohne Wald in der prallen Sonne ging ich dann. Bei 2:18 Stunden kam ich irgendwann im Ziel an.

Das war schon eine ganz merkwürdige Situation. Ich konnte keinen Deut schneller laufen. Es ging einfach nicht. Aber im Ziel kam es mir vor, als seien meine Muskeln noch relativ frisch. Was da passiert war, habe ich später recherchiert und analysiert. Meine Erkenntnisse hieraus könnt Ihr im folgenden Kapitel „Hitzetraining" lesen.

Nach dieser persönlichen Niederlage wollte ich duschen gehen. Ich hatte schon vor dem Start gesehen, dass die Duschen irgendwo hinten beim Campingplatz waren. Also ging ich zum Auto zurück, um meine Duschsachen zu holen, und marschierte zum Campingplatz.

Ich hätte gedacht, dass die sanitären Anlagen bei einem so großen Campingplatz den Besuchern entsprechend dimensioniert wären. Denkste! Die Anzahl der Duschen ging gerade noch. Es gab aber keine Bänke zum umziehen und Platz war auch kaum vorhanden. Deswegen zogen sich alle vor dem Duschhäuschen um. Für Frauen vielleicht ein interessanter Anblick.

Jetzt zurück zur Veranstaltung und ein „~~Sieger~~bier" trinken. „Erdinger alkoholfrei" ist bei vielen Volksläufen einer der Hauptsponsoren, so auch in Rülzheim. „Alkoholfrei ist alle", hieß es aber bei der Getränkeausgabe. Also musste ich ein Bier mit Alkohol trinken. Deswegen blieb ich noch eine Weile sitzen und schaute mir die ganze Siegerehrung an. Die geht immer ziemlich lang, weil bei den beiden „großen" Läufen, 10 km und Halbmarathon, nicht nur die Gesamtsieger geehrt werden, sondern auch die drei schnellsten aller Altersklassen bei den Frauen und bei den Männern. Als Preisfee fungierte eine junge und sehr hübsche Angehörige der LG Rülzheim. Ich dachte, das sei ein jugendliches Maskottchen. Bis ich dann später dahinter kam, dass es sich um Tanja Griesbaum handelte, die schon über zwanzig ist und das sportliche Aushängeschild des Vereins. 2015 lief ich beim gleichen Halbmarathon wie sie, der für Vereinsangehörige gleichzeitig die Südpfalzmeisterschaften darstellte. Tanja Griesbaum wurde Südpfalzmeisterin und war als Frau mehrere Minuten schneller als der männliche Südpfalzmeister.

Die 10 km gewann Frederik Unewisse. Das war auch kein Wunder, denn er hatte ja einen fliegenden Start: Beim Pinkeln stand er wohl in der falschen Schlange und hat den Startschuss knapp verpasst.

Hitzetraining

Ich laufe ja noch nicht lange und befinde mich immer noch in der Lernphase. In Rülzheim habe ich eine deftige Lektion bekommen. Gemeinhin denkt man ja, wenn es warm wird, ist man im Wald gut aufgehoben, da ist es schön kühl. Das ist aber noch nicht einmal die halbe Wahrheit. Im Wald ist es kühler als in der Sonne, das stimmt schon. Wenn es aber so richtig heiß ist, ist das „kühler als in der Sonne" auch „sehr, sehr warm" bis „ein wenig heiß". Was ist noch ein Unterschied von der freien Flur gegenüber dem Wald, na? Richtig: Im Wald ist man vor dem Wind geschützt. So, und wenn es jetzt im Wald „sehr, sehr warm" bis „ein wenig heiß" ist, gibt es da auch keinen Wind, der für Kühlung sorgen könnte. Da ist mir die pralle Sonne mit kühlendem Gegenwind deutlich lieber.

Bei etwa 43°C Körpertemperatur beginnt Eiweiß, sich zu zersetzen. Deswegen bekommen kleine Kinder, die noch eher zu hohem Fieber neigen, auch Fieberzäpfchen, bevor sich das körpereigene Eiweiß zu zersetzen beginnt und dadurch Gesundheitsschäden hervorgerufen werden.

Steigt die innere Temperatur durch körperliche Anstrengung zu sehr an, versucht der Organismus zu kühlen. Reicht schwitzen nicht mehr aus, wird die Leistungsabgabe in andere Bahnen gelenkt. Das bedeutet, die Energie wird nicht mehr der Muskulatur zugeführt. Zum einen, damit sich der Körper nicht weiter erhitzt, und zum anderen, um sie der Kühlung zur Verfügung zu stellen. Da kann man noch so schnell rennen wollen, es geht einfach nicht.

Jetzt habe ich verstanden, warum ich nicht schneller laufen konnte, und im Ziel die Muskulatur doch nicht so beansprucht war. Und ausgerechnet der 09.06.2014 (Pfingstmontag) war in der Südpfalz der heißeste Tag 2014!

Was sollte ich jetzt mit dieser Erkenntnis konkret anfangen? Nun, ich laufe seither im Sommer keine Halbmarathons mehr, sondern nur noch 10 km. Ok, mit dieser Erkenntnis war das Hitzeproblem immer noch nicht gelöst. Also machte ich zuerst gezielte Hitzetests. Dazu ging ich im Sommer in der heißesten Mittagszeit 10 km laufen. Ich probierte es mal mit Kopfbedeckung und mal ohne. Außerdem berücksichtigte ich den Wind.

Für Jeden gilt das vielleicht nicht. Aber für mich habe ich herausgefunden, dass ich erstens ohne Kopfbedeckung laufen sollte. Mit Mütze geht es kein bisschen besser als ohne. Im Gegenteil: Ohne Mütze bildet sich auf dem Kopf kein Hitzestau und der Wind kann die Haut direkt kühlen. Ja, bei mir ist es die Haut, bei anderen sind es die Haare. Allerdings soll eine Mütze, die man ständig mit Wasser kühlt, auch hilfreich sein. Zweitens: Den Haupteinfluss haben Wind und Schatten. Es kommt also nicht auf eine meteorologische Lufttemperatur an, sondern auf die konkret auf den Körper einwirkende Temperatur. Worst case ist also der windstille heiße Wald oder Laufen in der Sonne mit gleichschnellem Rückenwind, d. h. in relativer Windstille.

Und wie gehe ich jetzt mit dieser „konkret auf den Körper einwirkenden Temperatur" um? Dazu machte ich wieder Tests. Ziel ist es ja, eine zu hohe Körpertemperatur zu umgehen. Und so lief ich weiter in der Hitze, um zu lernen, bei welcher Temperatur ich bis zu welchem Erschöpfungsgrad „Dampf machen" kann, ohne zu überhitzen. Je mehr man sich anstrengt, desto schneller atmet man. Also habe ich den Atemrhythmus als Indikator dafür genommen und kann jetzt anhand dessen die maximal zulässige Leistungsabgabe einhalten.

Natürlich gilt auch in der Hitze: Je besser man trainiert ist, desto mehr Leistung kann man bringen, bis man an die kritische Körpertemperatur kommt.

Sonnwendlauf Seelbach, 10 km, 27.06.2014

Im Laufkalender fand ich den Sonnwendlauf in Seelbach. Die Strecke bestand aus einem 5 km langen Rundkurs, der zwei Mal durchlaufen wurde. Die letzten zwei Kilometer einer Runde wurden dabei auf einer Straße als Wendestrecke gelaufen. Der Kurs führte am Campingplatz vorbei. Witzigerweise war ich mit meinen Jungs im Jahr zuvor auf diesem Campingplatz in einer Blockhütte in Ferien. An einem Abend ging ich joggen und ein Teil meines Weges führte mich über einen Teil des Rundkurses. Auch den Start- und Zielpunkt bei der Sporthalle kannte ich schon, weil ich in Seelbach früher schon öfter Volleyballspiele hatte.

Also meldete ich mich gleich an. In der Ausschreibung stand auch, dass bei den Online-Anmeldern der Vorname auf der Startnummer aufgedruckt wird.

Oh, war das eine klasse Veranstaltung. 2014 und dann auch 2015 war dieser Lauf mein Saisonhöhepunkt. Warum? Los ging es mit der Sporttaschenbetreuung. In der Halle konnte man die Taschen abgeben und sie wurden bewacht. Außerdem erhielt jeder ein Antrittsgeschenk. Es nahmen 700 Läufer teil. Das war viel, aber für diesen Kurs die ideale Anzahl. Noch viel zahlreicher waren die Zuschauer, die einen die ganze Strecke entlang mit dem Vornamen anfeuerten! An der Strecke standen zwei Musikkapellen, an denen man je zwei Mal vorbeikam. Eigentlich fand der Lauf innerhalb eines großen Stadtfestes statt. Hinterher war man weithin umringt von allen möglichen Ständen mit Essen und Trinken. Gut, die Duschen waren eiskalt und die Umkleideräume voll. Aber es ging noch, weil nicht alle sofort duschten, sondern viele Teilnehmer in der lauen Abenddämmerung zuerst auf das Fest gingen. Wer eine freie Liege ergattern konnte, durfte sich auch kostenlos massieren lassen.

Es herrschte eine tolle Stimmung.

Der Start war abends um 20:00 Uhr. Mit 25°C war es noch recht warm, was mir aber nichts mehr ausmachte. Von der Stimmung und dem Feld lies ich mich einfach treiben und erzielte eine Bestzeit, die mit 57:12 Minuten (netto) knapp zwei Minuten schneller war als bei meinem ersten 10 km Lauf in Stutensee.

Queichtallauf Zeiskam, 10 km, 06.07.2014

Nach Maximiliansau und St. Leon-Rot war Rülzheim schon die dritte Laufveranstaltung, bei der die PSD Bank als Sponsor auftrat. Und jedes Mal hieß es auch bei den 10 km Läufen „Lauf im Rahmen des PSD Lauf-Cups". Ich lief dort jeweils den Halbmarathon. Jetzt checkte ich endlich, dass der PSD LaufCup aus sieben 10 km Rennen bestand. Um in die Wertung zu kommen, musste man an vier davon teilgenommen haben. Neben den Antrittsgeschenken (Sportler-Müsli, Stirnlampe, Honig, Kaffeetassen, ...) erhielt man nach der Serie, wenn man in die Wertung gekommen war, ein hochwertiges Adidas-Laufshirt. Vier Termine standen noch an. Halbmarathons wollte ich vor dem Winter sowieso keine mehr laufen. Also musste ich nur noch an allen vier restlichen Rennen teilnehmen.

Der erste der restlichen Läufe war der Queichtallauf in Zeiskam. Gut, dass es kein Halbmarathon war und dass ich Hitze trainiert hatte. Die Strecke bestand zu großen Teilen aus windstillem Wald und die letzten zwei Kilometer aus praller Sonne, ebenfalls fast ohne Wind. So wurde der Queichtallauf auf Laufreport.de auch als „Hitzelauf" betitelt.

Ab 6,5 km wurde es im Wald richtig hart. Dann kam zum Glück die Getränkestation. Nach einer kurzen Erfrischung war der heiße Wald zu Ende und es kam die pralle Sonne fast ohne Wind. So war die Bruttozeit von 58:07 Minuten zwar 27 Sekunden langsamer als die in Seelbach, aber aufgrund der Hitze, mindestens genau so hoch einzuschätzen.

Im Ziel bekam ich dann zum ersten Mal den schon angesprochenen IKEA-Trinkbecher in die Hand gedrückt. Den gab ich so schnell nicht wieder her. Es dauerte ziemlich lange, bis ich endlich genug getrunken hatte. Zu essen gab es auch etwas: Bananen. Ausgerechnet! Bananen sind das einzige Obst, das ich nicht esse - schmeckt mir einfach nicht - igitt! Aber manchmal ist es gut, über seinen Schatten zu springen. Die Bananen schmeckten mir zwar immer noch nicht, aber sie taten gut. Und seither esse ich - aber nur beim Laufen - Bananen und auch nur, wenn es nichts anderes gibt. Bei anderen Läufen gibt es oft Äpfel, manchmal auch Melonen.

Die Duschen waren natürlich eiskalt. Dafür war aber das Auto auf der Heimfahrt umso wärmer. Die Klimaanlage in meinem Auto besteht hauptsächlich aus dem Fenster. Und nach diesem „Hitzelauf" war die „Autosauna" richtig unangenehm.

Hardtseelauf Weiher, 10 km, 27.07.2014

Auf zum nächsten PSD Cup Lauf nach Ubstadt-Weiher!

Als ich zur Anmeldung an der Halle ankam, stand da schon vor dem Eingang das Ende einer Schlange. Ich nahm das nicht ernst und ging erst einmal hinein. Gleich bemerkte ich aber, dass ich mich auch an dieser Schlange anstellen musste. Also ging ich wieder hinaus und da war die Schlange natürlich noch länger geworden. Es ging ziemlich langsam voran. Vorne in der Schlange liefen zwei Leute mit Blättern aufgeregt hin und her. Als ich dann nach vorne kam, wurde ich von einem der beiden nach meinem Namen gefragt. Der schaute in seiner Liste nach und sagte „263" zu mir. Dann kam ich endlich zur Startnummernausgabe und wurde nicht wie gewohnt nach meinem Namen, sondern nach meiner Startnummer gefragt. Die Startnummern waren nicht nach Namen, sondern nach Zahlen sortiert. Deswegen ging das auch alles so lange!

Jetzt war ich natürlich schon recht spät dran. Also schnell zum Auto zurück und dabei gleich ein bisschen warmgelaufen, Antrittsgeschenk verstaut, Laufshirt angezogen, Nummer dran gemacht, noch etwas getrunken, weiter eingelaufen, in die Hecken gepieselt. Als ich wieder zur Halle kam, war immer noch eine Schlange vor der Startnummernausgabe. Dann kam eine Durchsage, dass der Start um zehn Minuten verschoben wird.

Es war nicht ganz so heiß wie in Zeiskam, aber fast. Nur war die Strecke viel angenehmer. Sie führte an dem Hardtsee und anschließend an Feldern und Wiesen entlang. Es ging ein ständiger Wind, der schön kühlte, und die Bäume standen so, dass sie meistens ihren Schatten auf die Läufer warfen. Dann kam noch ein Waldstück und wieder ging es an Feldern entlang und schließlich nach Weiher hinein.

Ich konnte meine Bestzeit auf 55:14 Minuten (brutto) steigern. Das Hitzetraining zahlte sich voll aus. Zur Belohnung gab's im Ziel dann saftige Melonen und zum Abkühlen kalte Duschen. Mit den Umkleideräumen versuchte ich es gar nicht erst und ging zum Umziehen auf die Bühne. Der Vorhang war natürlich zu und die Bühne war zum Umziehen hergerichtet.

Auf dem Rückweg war es im Auto dann wieder unangenehm warm. An der Ortsausfahrt von Weiher sah ich, dass es dort römische Ausgrabungen gibt. Zu Hause schaute ich dann im Internet nach. Als alten Lateiner hat mich schon interessiert, ob ich die im nächsten Jahr vielleicht besichtigen könnte. Aber leider haben sie sonntags immer geschlossen.

Lußhardtlauf Hambrücken, 10 km, 17.08.2014

Da ich kein Navi habe, suche ich die Anfahrt immer in Google Maps heraus. Der Route vertraute ich nicht wirklich, nahm sie dann aber doch. Die Abfahrt von der Autobahn sollte über eine Raststätte erfolgen. Das ist ja entweder nicht erlaubt oder gar nicht möglich. Aber tatsächlich, als ich die Ostseite der Raststätte Bruchsal anfuhr, war da ein ganz offizieller Abzweig auf die dortige Landstraße. In der Zählung der Autobahnausfahrten taucht diese Ausfahrt gar nicht auf.

In Hambrücken war der Parkplatz praktischerweise direkt neben dem Start. In der Parallelschlange vor der Startnummernausgabe standen zwei Läufer, die den Halbmarathon als Marathonvorbereitung nutzen wollten. Man sollte dann einfach drüberstehen, wenn man solche Sprüche hört, wie: „Diese Woche lief gar nicht gut. Ich bin kaum zum Trainieren gekommen und konnte nur 100 km laufen." Na, wenn er meint. Übrigens ist es nicht notwendig, vor einem Marathon so viel zu laufen, wenn man nicht gerade weit vorne landen will.

Bei diesem Lauf war es nicht mehr so heiß. Die Strecke war abwechslungsreich und führte an einer Blaskapelle und einem Dudelsackspieler vorbei. Dieser mobilisierte die letzten Kräfte, denn die meisten wollten schnell wieder außer Hörweite kommen.

Etwa ein Kilometer vor dem Ziel preschte ein junger Mitläufer an mir vorbei. Nachdem er mich überholt hatte, wurde er wieder etwas langsamer. Ich dachte mir, zu dem schließe ich jetzt auf. Und prompt wurde er wieder etwas schneller. Ich hielt mich dann in gewissem Abstand, ging aber sein Tempo mit. Als wir eine kleine Gruppe überholten, ging er rechts daran vorbei. Deswegen ging ich links vorbei und wollte mich an ihm „vorbeischleichen". Das ließ er nicht auf sich sitzen. Jetzt lieferten wir uns einen gnadenlosen Zielsprint und überholten dabei noch weitere Läufer. Allerdings konnte ich ihn nicht mehr überholen und kam 0,3 Sekunden nach ihm ins Ziel. Diesem Endspurt hatte ich es zu verdanken, dass ich meine Bruttozeit auf 55:12 Minuten steigern konnte. Und da in Hambrücken auch die Nettozeit genommen wurde, hatte ich mit 54:43 Minuten jetzt eine Zeit von unter 55 Minuten stehen.

Die Duschen waren natürlich kalt und ich zog mich mit vielen anderen auf dem Gang um, das bräuchte ich eigentlich gar nicht mehr ausdrücklich erwähnen.

Golfparklauf St. Leon-Rot, Halbmarathon, 14.09.2014

Jetzt kam der Halbmarathon, bei dem ich eigentlich schon im Vorjahr mit Marcus starten wollte. Damals war das noch zu früh für mich und jetzt war es schon mein vierter Halbmarathon.

Wie schon beim Frühlingslauf fuhr ich am Vorabend nach Heidelberg zu Marcus, um dort zu übernachten. Er konnte leider nicht mitlaufen, weil er sich wegen einer Erkältung nicht vorbereiten konnte und es ihm immer noch nicht gut genug ging.

Er begleitete mich dann als Zuschauer nach St. Leon-Rot. Obwohl er während des Halbmarathons auf mich warten musste, wurde ihm nicht langweilig, weil zwischendurch andere Läufe starteten und fast ununterbrochen Zieleinläufe waren.

Wie der Name schon sagte, ging der Lauf über den Golfplatz - zwei Mal. Es waren eine 10 km und eine 11,1 km Runde zu laufen. Die erste Runde wurde zusammen mit dem 10 km Lauf gestartet. Das war angenehm, weil man dann in größeren Gruppen laufen konnte. Spätestens ab 9 km wurde dann klar, wer den Halbmarathon und wer die 10 km läuft, denn die 10 km Läufer wurden immer schneller.

Die ersten 10 km lief ich unter einer Stunde. Und das war auch mein Ziel: Unter 6 min/km laufen. Und wenn es ganz hervorragend laufen sollte, wäre ich auch einer Zeit unter zwei Stunden nicht abgeneigt. Aber das war eigentlich mein Ziel für 2015.

Von 10 km bis 14 km lief ich zusammen mit einer Läuferin, die den Halbmarathon locker mitlief, um sich für einen Marathon vorzubereiten. Es entwickelte sich eine angeregte Unterhaltung. Wobei sie mehr redete und ich mehr zuhörte, weil ich weniger Luft hatte. Bei 14 km bekam sie Seitenstechen und musste zurückstecken. Aber wie sollte es auch anders sein, bei km 16,5 hat sie mich überholt. „Na, was macht das Volleyball?" - „Das Volleyball ... röchel ... macht gut, aber die Luft ... keuch ... wird immer dünner." Sie zollte mir aber noch große Anerkennung, dass ich als Laufanfänger so schnell wäre und einen „guten Zug" drauf hätte. Unterwegs gab es neben Wasser auch Obst. Natürlich Bananen! Aber was tut man nicht alles, um gut ins Ziel zu kommen.

Und das kam ich auch. Kurz nach der kritischen 16,5 km kam ein Verpflegungsstand und dann ging der Rest auch wieder besser. Ich fand meine Laufeinteilung sehr gut. Und so hatte ich mit 2:01:22 Stunden meine Vorgabe von 2:06:35 Stunden um mehr als fünf Minuten unterboten. Die zwei Stunden hatte ich zwar nicht geknackt, aber das hatte ich ja auch nicht vor und hätte es auch dann nicht geschafft, wenn ich unterwegs nicht getratscht hätte.

Zweiter wurde ein 55-Jähriger, der noch unter 1:20:00 Stunden blieb. Bei der Siegerehrung meinte er im Interview, dass er ja eigentlich die ganze Woche krank war und auch gar nicht trainieren konnte. Sonst hätte er sicher den Jungspund vor ihm auch noch kassiert. Ok, das Letzte hatte er zwar so nicht gesagt, aber wohl gemeint.

Anschließend ging ich mit Marcus zurück nach Heidelberg, ein bisschen die Beine vertreten. Das war bitter notwendig. Nach den Sommerferien hatte ich wieder mit dem Volleyballtraining begonnen und mir in der linken Hüfte einen grässlichen Muskelkater bzw. eine Verhärtung eingefangen. Während des Laufes stellte das zwar keine Behinderung dar, aber jetzt danach merkte ich das wieder umso deutlicher.

Wir gingen den Philosophenweg hoch, dann runter zum Neckar und über eine Brücke in die Fußgängerzone. Dort fanden wir Festzelte vor und es herrschte reichlich Betrieb. Vor dem Rathaus setzten wir uns in die Sonne und bestellten Kaffee und Kuchen. Kaum wurden wir bedient, da fing auch eine Musikkapelle an zu spielen. Natürlich uns zu Ehren. Nein, doch nicht, denn kurz darauf hielt der Oberbürgermeister eine Rede und weihte offiziell die neu gestaltet Fußgängerzone ein. Es wurden auch die alten Straßenlaternen versteigert, inklusive Anlieferung und Installation. „Das wäre doch lustig", sagte ich zu Marcus, „wenn in Stadelhofen oder bei meinen Eltern in Appenweier eine Straßenlaterne aus der Heidelberger Fußgängerzone stehen würde." Ich bot dann aber doch nicht mit.

Hardtwaldlauf Karlsruhe, 10 km, 12.10.2014

Saisonfinale! Der letzte Lauf des PSD LaufCups 2014 fand in Karlsruhe statt. Und für mich war es die letzte Gelegenheit, in die Cup-Wertung zu kommen.

Für ein Cup-Finale war die Veranstaltung recht klein und familiär. Leider war auch die Strecke klein, soll heißen für 580 Läufer sehr schmal. Obwohl ich mich beim Start relativ weit vorne eingereiht hatte, brauchte ich 31 Sekunden bis zu Startlinie. Auch danach waren viele langsamere Läufer vor mir. Die musste ich erst mühsam überholen, teils über den Umweg durch die seitliche Botanik. Ab der Mitte der Distanz hielt ich immer wieder Ausschau nach der Getränkestelle. Bei 8 km gab ich dann die Hoffnung endgültig auf. Gut, bei dem frischen Oktoberwetter war sie nicht wirklich notwendig, aber angenehm und hilfreich wäre sie allemal gewesen.

Auf der Zielgeraden war eine große Zeitanzeige. Ich sah, dass es eine Zeit um 54 Minuten werden würde, da holte ich noch einmal alles heraus, aber schaffte es trotzdem nicht unter 54 Minuten (54:03). Zum Glück wurde auch die Nettozeit genommen. Und so konnte ich mit 53:32 Minuten meine Bestzeit um über eine Minute drücken. In der Cup-Gesamtwertung belegte ich schließlich den 229. Platz von 285 Läufern, die es in die Cup-Wertung geschafft hatten. Für einen Volleyballer war das doch gar nicht so schlecht.

Im Ziel gab es dann kaltes Wasser, warmen süßen Tee und Schneider Weiße alkoholfrei. Hm, lecker! Aber mehr als einen großen Becher schaffte ich leider nicht. Es war einfach zu kalt, genau wie die Duschen.

Als kleines Bonbon bekam ich im November Post von der PSD Bank. Alle Teilnehmer, die es mit vier Starts in die Lauf-Cup-Wertung geschafft hatten, erhielten ein hochwertiges Marken-Laufshirt.

Oberwaldlauf Karlsruhe, 10 km, 18.10.2014

Schon eine Woche nach dem Hardtwaldlauf war ich wieder in Karlsruhe. Allerdings nur als Pacemaker für meinen Sohn Sven. Er war jetzt der Zweite, der unter „Maier läuft" antrat. Bei der Startnummernausgabe stellte sich heraus, dass alle Online-Voranmeldungen der letzten halben Woche ins Leere gelaufen waren und wir uns nachmelden mussten. Mit Sven war ich im letzten halben Jahr etwa alle zehn Tage joggen. An dem, was ich zuerst als Strafe für nicht gemachte Hausaufgaben verhängt hatte, fand er Gefallen. Bei 1,5 km hatten wir angefangen und in der Woche vor diesem Lauf lief er zum ersten Mal die volle 10 km Distanz. Daher fand ich die 62er-Zeit auch überraschend gut. Als Bonbon wurde er sogar als Dritter seiner Altersklasse zur Siegerehrung gerufen. Es hatten zwar bei den bis Fünfzehnjährigen nur fünf teilgenommen; aber immerhin. Leider gab er das Laufen im folgenden Jahr wieder auf.

Laufen = Training?

Laut Duden ist Training das systematische Vorbereiten auf einen Wettkampf.

Bisher habe ich im Zusammenhang mit dem Laufen von „Trainingsläufen" geschrieben, weil es einfacher war. Aber im Gespräch sage ich immer gerne: „Ich trainiere nicht. Ich laufe einfach so, wie ich gerade Lust darauf habe." Das stimmt auch. Manchmal laufe ich kürzere Strecken, manchmal längere. Mal laufe ich schneller, mal ganz schnell, manchmal aber auch ganz langsam. Allerdings laufe ich auch vor einem Halbmarathon längere Strecken als vor einem 10 km Lauf. Speziell im Sommer passte ich mich mit gezielten Läufen an die Hitze an. Und da das unsystematische Gebolze in der Fußballjugend auch „Training" hieß, „trainierte" ich vielleicht doch die ganze Zeit das Laufen. Kann man also generell sagen, dass wenn man zwischen den Wettkämpfen laufen geht, damit automatisch „trainiert"? Ich glaube, objektiv betrachtet ist das nur Wortklauberei.

Ich habe das „Trainieren" bisher negiert, um mich zu schützen. Ich habe eine Abneigung, mich bei Ausdauerleistungen in ein Schema, eine Statistik pressen zu lassen. Ich will keine Vorgaben erfüllen „müssen". Der Druck wäre mir einfach zu groß. Das würde ich psychisch nicht lange durchhalten zumal ich ja immer alleine laufen gehe. Und ich würde das Laufen auch bald wieder komplett aufgeben. Aber gerade Laufen will ich ja. Einfach nur Laufen!

Schon als Jugendlicher war es für mich ein Graus, auf der Tartanbahn Runden zu drehen. Da sieht man ganz genau, wie viel man noch laufen muss. Bei einem 5.000 m Lauf kann ich mit einem Blick die ganze Runde ansehen und nach 1.800 m weiß ich genau, dass ich eben die ganze Strecke, die ich jetzt sehe, noch genau achtmal laufen muss. Und ich sehe auch genau an meiner bisherigen Zeit, wie schnell ich den Rest noch laufen muss. So etwas macht mich einfach nur fertig.

Bei einem Halbmarathon mache ich mir drei Siebenkilometer-Abschnitte oder sieben Dreikilometer-Abschnitte. Vielleicht schaue ich auch ein paar Mal hintereinander bei jedem Kilometertäfelchen auf die

Uhr, aber ich sehe die gesamte Strecke nicht. Ich laufe bis zur nächsten Biegung, dann bis zur Wendemarke, dann bis zum nächsten Kilometertäfelchen. „Da vorne habe ich es gerade irgendwo gesehen, irgendwann werde ich da sein." So macht mir das gar nichts aus.

Für den Laufanfänger gibt es im Internet unzählige Tipps von ehemaligen Leistungssportlern und anderen „Experten". Am besten Ihr lest sie erst gar nicht! Ok, für einen kompletten Sportanfänger ist es sicher kein Fehler, sich zuerst von einem Arzt durchchecken zu lassen. Aber sonst gibt es in meinen Augen nur zwei sinnvolle Tipps.

Erstens: Ganz langsam anfangen und sich selbst dabei nicht zu viel vornehmen; von mir aus auch mit zügigem Gehen und auch gerne mit einer Strecke von 1 km.

Zweitens: Rausgehen, wenn Ihr Lust habt, und einfach nach Körpergefühl laufen. Lauft einfach, habt Spaß!

Für das Training mit einem bestimmten Ziel gibt es im Internet auch ganz viele Tipps, viele verschiedene Trainingspläne, aber auch ab und zu gute Trainingspläne. Mögen diese Pläne auch noch so gut sein, bitte klebt nicht daran!

Erstens weiß man als Anfänger nicht, welcher Plan ein guter oder sinnvoller Plan ist. Außerdem sind auch gute Pläne solche, die für möglichst viele Läufer möglichst einigermaßen passend sein sollen. Es gibt aber wohl keinen einzigen Läufer, auf den sie optimal passen. Für jeden ist ein etwas anderes Training effektiver und angenehmer. Jeder hat einen Kreislauf, der sich in Ruhe anders verhält, der auf Belastung ganz anders reagiert. Manche brauchen einfach länger, bis sie ein bestimmtes Leistungsniveau erreichen als andere.

Vielfach hat man schlichtweg auch nicht die Zeit, einen Plan genau einzuhalten. Wenn man nicht gerade so ein ausgesprochener Einzelläufer ist wie ich, ist man in einem Verein am besten aufgehoben.

Wenn man aber so einer ist wie ich, der läuft, wenn er Zeit oder Lust hat, dann sollte man Trainingsplänen mit einer gesunden Skepsis gegenüberstehen.

Wintertraining = Nachttraining

1. Warum nachts trainieren?

Nach dem Oberwaldlauf war die Saison nun also vorbei. Zumindest konnte ich im Internet für November keinen geeigneten Lauf finden. Ich fand im Internet aber einen Trainingsplan für Läufer, die über 10 km unter 55 Minuten laufen können und innerhalb von sechs Wochen unter 50 Minuten laufen wollen. In der letzten Oktoberwoche waren die Schulferien der Kinder und deshalb nahm ich mir Urlaub. Da fing ich an, doch nach einem Plan zu trainieren. Das Problem kam dann die Woche darauf. Mein Urlaub war vorbei und die Uhr war wieder auf Normalzeit umgestellt. Das hieß, ich könnte nur am Wochenende laufen, weil es unter der Woche noch dunkel war, wenn ich aus dem Haus ging, und schon wieder dunkel, wenn ich nach Hause kam. Und der Plan sah 22 Trainingseinheiten vor, also meistens vier pro Woche. Das hieß zwangsläufig: Nachttraining!

2. Die Nacht ist heller als man denkt

Im Sommer passierte es mir einmal, dass ich beim Abendessen zu sehr zugelangt hatte. Da musste ich vor dem Laufen noch verdauen und ging erst so spät los, dass es unterwegs dämmerte und ich schließlich im Dunkeln zurückkam. Das war vielleicht ein komisches Gefühl. Zuerst wurde es immer dunkler. Dieser Helligkeitswechsel war schon eigenartig - zumindest für das Laufen. Und als es dann dunkel war, kam ich mit meinen Rhythmen, die ich beim Laufen synchronisieren muss, völlig durcheinander. „Im Dunkeln werde ich nie laufen, das funktioniert nicht." Und auch da, Brad Majors lässt grüßen, lag ich wieder einmal vollkommen daneben.

Zu Beginn der ersten Arbeitswoche hatte ich scharf nachgedacht, wo ich nachts eine beleuchtete Strecke hätte, die nicht mitten durch die Stadt führt und auf der mich nicht so viele Leute sehen könnten.

Mir fiel in Offenburg der Kinzigdamm ein. Zu Hause sah ich mir auf Google Maps an, wie der Streckenverlauf ist und wie weit ich da laufen könnte.

Am Donnerstag brach ich dann nach Offenburg auf. Da es Nacht war,

war auch nicht mehr viel Verkehr. In einer starken Viertelstunde war ich da. Und tatsächlich schien die Strecke ideal zu sein. Eine Gerade für Fußgänger und Fahrradfahrer führt auf dem Kinzigdamm rechts der Kinzig an einer hell beleuchteten Straße entlang, sodass diese etwas höher gelegene Strecke noch genügend beleuchtet ist. Die zweite Gerade führt auf dem Kinzigdamm links der Kinzig entlang. Diese Strecke erhält von der Straße rechts der Kinzig und vom links liegenden Gewerbegebiet genügend Licht. Und schließlich führt eine dritte parallele Gerade auf einem breiten Fußgängerweg durch dieses links liegende Gewerbegebiet. Alle drei Strecken sind am unteren und oberen Ende jeweils von einer Querstraße miteinander verbunden. Eine Runde auf zwei nebeneinanderliegenden Geraden ist jeweils genau 3 km lang. Außerdem verbindet etwa in der Mitte ein Fußgängerweg alle drei Strecken miteinander, sodass man alle möglichen Streckenlängen laufen kann.

So lief ich also in der dunklen Jahreszeit unter der Woche immer nachts, weil es eben doch funktionierte. Ich gewöhnte mich sogar sehr schnell daran, im Dunkeln zu laufen. Solange auf der Strecke nur wenige Unebenheiten sind, kommt man auch ganz gut damit zurecht. Außerdem wird es bei uns nachts nie wirklich dunkel. Straßburg, eine Stadt mit fast 300.000 Einwohnern, ist nicht einmal 20 km entfernt. Deswegen ist im Westen immer ein orangefarbenes Glimmen zu sehen, als ob der Sonnenuntergang ins Stocken geraten wäre.

Am liebsten laufe ich bei Hochnebel. Da wird sämtliches Licht vom Nebel reflektiert und es ist wirklich hell, zumindest für nächtliche Verhältnisse. Vollmond ohne Wolken ist auch gut, hat aber den Nachteil, dass es nachts mehr auskühlt und tendenziell kälter ist. Alles andere dazwischen ist weniger gut. Aber dennoch sollte man nicht glauben, an was sich die Augen alles gewöhnen können. Ich habe zwar auch eine Stirnlampe, die benutze ich allerdings sehr selten. Denn sie hat den Nachteil, dass sie hell ist. Hä? Hell und Nachteil? Ja, weil sie so hell ist, sieht man alles, was nicht direkt im Lichtkegel ist, praktisch gar nicht, und das empfinde ich als eine unangenehme Einschränkung. Ich lief im letzten Winter nachts auch bei mir zu Hause. Es gibt genügend Strecken ohne Autoverkehr oder solche mit Fuß- und Radwegen oder den Renchdamm. Allerdings haben sie keinen so praktischen Längenzuschnitt wie in Offenburg.

3. Vorbereitung und Sicherheit

Bevor man sich nachts auf den Weg macht, sollte man die Strecke bei Tag vorher ablaufen. Nachts sieht man zwar relativ gut, aber es ist viel einfacher, wenn der Streckenbelag möglichst nur kleine Steine hat, oder, wenn sie geteert ist, möglichst wenig kleine Bodenwellen aufweist. Dann muss man sich nicht so sehr darauf konzentrieren, wo man den nächsten Schritt hinsetzt. Man sollte auch überlegen, wer noch diesen Weg bei Nacht benutzen könnte. Andere Läufer sind das kleinste Problem. Gefährlicher wird es bei Fahrradfahrern, besonders wenn sie ohne Licht fahren, Mofafahrern, Traktoren und Mähdreschern in der Erntezeit. Und das letzte meine ich wirklich ernst. Kreuzt der Weg eine Straße? Gibt es dort Straßenlaternen? Jeder Verkehrsteilnehmer muss auch nachts grundsätzlich damit rechnen, dass auf Fuß- und Radwegen jemand unterwegs ist; auch unbeleuchtet. Trotzdem ist es ratsam, als Läufer reflektierende Kleidung anzuziehen und im Zweifel doch eine Stirnlampe mitzunehmen, sei es auch nur, um sie lediglich in potenziell gefährlichen Situationen einzuschalten, damit man besser gesehen wird. Beim ersten Gebrauch fand ich es total doof, eine Lampe auf der Stirn spazieren zu tragen. Aber schon bei diesem ersten Mal gewöhnte ich mich daran. Alternativ könnte man sie ja auch in der Hand mit sich führen.

4. Was ist nachts anders?

Mit einer Stirnlampe sieht man zwar besser, aber auch anders. Meine Stirnlampe ist besonders sicher. Sie leuchtet nicht nur nach vorne, sondern erzeugt zusätzlich einen „Lichtvorhang" nach unten, der meine Kleidung von vorne anstrahlt; und nicht nur die Kleidung, auch meine Nase. An meine beleuchtete Nase habe ich mich bis heute nicht gewöhnen können.

Nach einem längeren Regen ging ich nachts laufen und sah, dass der Boden in einem Abschnitt wohl noch nass war. Das Wasser in diesen Riesenpfützen sah ich aber nicht. Das habe ich erst nach den ersten beiden Schritten in meinen Schuhen gespürt. So etwas passiert ohne Stirnlampe in der Regel nicht, da sieht man schon von Weitem die Spiegelung. Wenn Ihr draußen bei Dunkelheit plötzlich deftige Flüche hört, war's vielleicht ein Läufer mit nassen Füßen und Stirnlampe.

Auch mit Stirnlampe gibt es dann noch dieses Ärgernis: Autofahrer. Führt die Strecke z. B. als Radweg an einer Straße entlang, wird man vom Fernlicht prinzipiell geblendet. Das ganze Gefuchtel mit den Armen und das Sich-die-Hände-schützend-vor-die-Augen-halten hilft nichts. Ganz selten hat der Autofahrer ein Einsehen und schaltet auf Abblendlicht um. Autofahrer würden sich allgemein im Straßenverkehr rücksichtsvoller verhalten, wenn zur Führerscheinprüfung neben Überlandfahrt und Autobahnstunden auch eine gewisse Kilometerzahl als Fußgänger und Fahrradfahrer gefordert wäre.

Ich habe etwas Erstaunliches festgestellt: In der Nacht laufe ich schneller. Bei gleichem Atemrhythmus, bei gleicher Anstrengung und bei gleichem Erschöpfungsgrad bin ich im Dunkeln 0,1 Minuten pro Kilometer schneller. Mir fallen dafür zwei mögliche Ursachen ein. Einmal liegt es sicher daran, dass man im Dunkeln weniger sieht. Man ist weniger abgelenkt. Es gibt weniger Sinneseindrücke, die man verarbeiten muss. Man sieht auch nicht, wie schnell man genau ist oder dass man schneller ist, als man möchte. Man sieht auch nicht, wie weit es bis zur nächsten Abzweigung, zur nächsten Biegung, zum nächsten Baum oder Bach ist, ob eine Steigung kommt oder ein Gefälle. Man kann sich viel besser auf das Laufen im Jetzt konzentrieren und besser in sich hinein hören. Vielleicht ist aber folgende Hypothese zutreffend. Wann läuft man denn als Mensch oder besser wann liefen denn die Menschen die letzten 40.000 Jahre oder noch länger zurück nachts durch die Gegend? Eigentlich doch nur, wenn sie vor etwas flüchten mussten. Auf der Flucht wird mehr Adrenalin ausgeschüttet, damit man der Gefahr auch entgehen kann. Setzt nachts etwa beim Laufen automatisch ein Fluchtprogramm ein? Ist das schon einmal wissenschaftlich untersucht worden?

5. Die Tücken der Nacht

Meiner Mutter war das Nachttraining am Offenburger Kinzigdamm nie ganz recht, weil erst im Frühjahr 2015 dort ein Mord begangen wurde. Allerdings geschah das ein paar Hundert Meter von meiner Laufstrecke entfernt. Außer einem Dealer ab und zu sind mir dort bisher keine „Kriminellen" aufgefallen.

Neulich sind mir auf dem Renchdamm am frühen Abend zwei Gestalten mit Stirnlampe entgegengekommen. Sie waren komplett schwarz gekleidet. Als sie etwas näher kamen, sah ich, dass sie ganz eng anliegende Kleidung trugen. Als sie noch näher kamen sah ich, dass sie auch Mützen aufhatten, ebenfalls ganz eng anliegende. Auf den letzten Metern vor der Begegnung war ich dann davon überzeugt, dass es sich um zwei Taucher in Neoprenanzügen handelte, die auf dem Weg zum nächsten Tümpel waren. Beim Vorbeilaufen sah ich dann aber, dass sie doch keine Taucherflossen, sondern Laufschuhe trugen.

Bei einem nächtlichen Lauf auf dem Renchdamm wollte ich zwischendurch die Kilometerzeit nehmen. Dazu benutzte ich den Timer auf meinem Handy. Da ich immer ohne Brille laufe, kann ich die Zeit auf dem kleinen Display eher selten auf Anhieb erkennen. So musste ich das Handy näher ans Gesicht halten und dann doch wieder weiter weg, immer so ein bisschen vor und zurück. Ich merkte schon, dass ich nicht mehr den Boden des Feldweges unter mir hatte, sondern Gras. Also habe ich die Richtung korrigiert. Da das Handy aber hell leuchtete, konnte ich den Weg nicht erkennen. Ich lief immer noch auf Gras und der Weg verlief irgendwie schräg. Als ich das Handy wieder zugeklappt hatte, erkannte ich, dass ich mich schon komplett neben dem Weg befand und im Begriff war, die seitliche Böschung hinunterzulaufen. Einen Absturz konnte ich gerade noch verhindern.

Am Baggersee bei Urloffen, in der Nähe meines Wohnortes, gibt es asphaltierte landwirtschaftliche Fahrwege mit genau 600 m, 800 m und 1.000 m Länge. Das ist ideal für Intervalltraining. Der Baggersee befindet sich ein paar Kilometer außerhalb von Urloffen und ist von hohen Bäumen umsäumt. Auf der dorfabgewandten Seite des Sees in Richtung eines Waldes befindet sich der offizielle Parkplatz. Es war ein Abend mit leuchtendem Halbmond und klarem Himmel. Ich wollte ein Intervalltraining auf der 600 m Strecke machen: Drei Kilometer einlaufen, fünfmal die 600 m in 2:35 Minuten mit Pausen dazwischen und drei Kilometer auslaufen. Das ganze Gelände von ca. 6 km² liegt ganz eben zwischen einer Bahnlinie auf der einen und der Autobahn auf der anderen Seite. Hinten liegt der Wald und vorne ist eine Anhöhe. Über die kam ich angefahren.

Als ich so hinabschaute, sah ich Nebelschwaden, wie sie sehr malerisch das Gelände durchwaberten, den See umgeben von einem dunklen, mal schmalen, mal breiten Baumstreifen und ganz hinten den ganz, ganz dunklen Wald. Wegen des Nebels sah ich mich gleich in den Horrorfilm „The Fog - Nebel des Grauens" aus dem Jahr 1980 versetzt, den ich schon als Jugendlicher gesehen hatte und für den ich damals eigentlich noch zu jung war. Ich fuhr also weiter weg vom Dorf durch die Nebelschwaden hindurch, an den dunklen Bäumen des Sees entlang, nach hinten in Richtung des dunklen halb im Nebel verborgenen Waldes. Da stand ich also mit dem Auto auf dem Parkplatz und malte mir aus, wer sich alles hinter den Bäumen versteckt und was der Nebel alles verbergen mag. Irgendwie verspürte ich plötzlich gar keine Lust mehr zum Laufen. Aber was sollte ich tun? Nach Offenburg fahren? Das würde weitere Zeit kosten. Außerdem gab es dort keine 600 m Strecke. Nach Hause fahren? Auch blöd. „Wenn ich schon da bin, kann ich ja auch kurz mal aussteigen. Wird schon nichts passieren." Also stieg ich aus. Und siehe da, die Unsicherheit war vollkommen verflogen. Der Grund war die Autobahn. Tagsüber nimmt man sie am Baggersee nicht wirklich wahr. Aber in der Dunkelheit empfand ich die Autos als richtig laut. Da war die ganze schaurige Kulisse zum Teufel. Zum Glück! Ich lief also los und als ich nach einem Kilometer eine Linkskurve lief und das meiste der Ebene mit See, Feldern und Halbmond überblicken konnte, hatte ich wieder eine überaus malerische Szene mit weich wallenden, vom Halbmond angestrahlten Nebelstreifen über den abgeernteten Feldern vor Augen. Sogar das farbenfrohe Spiel des bunten Laubes der sich in den Winterschlaf begebenden Bäume glaubte ich erkennen zu können. Keine Spur von Grusel war mehr zu spüren, sondern einfach nur Freude über diesen großartigen Anblick.

An meinem Startpunkt für den 600 m Sprint blieb ich stehen, um den Timer zu richten. Da kam auf der Strecke ein Auto auf mich zu gefahren, bog dann aber seitlich zum Baggersee ab. „Was macht denn der um diese Zeit hier? Kommt der wieder zurück?" Ich sah nichts mehr vom Auto, also lief ich los. Am Zielpunkt angekommen sah ich ein Licht am See umherirren. Mofa, Fahrrad, Fußgänger? „Kommt der jetzt auf mich zu? Will der was von mir? Kann der mich sehen?" Das Licht blieb in der Nähe des Sees. Zweiter Sprint zurück. Pause.

Ich wollte wieder loslaufen. Aber: Etwa zweihundert Meter weiter als das Ziel meines dritten Sprints, querte ein Landwirtschaftsweg. Zwischen dem Ziel und dem Landwirtschaftsweg lagen Felder. Um dorthin zu kommen, musste man „ums Eck" laufen oder fahren. Genau auf diesem Weg war ich vorher hierher gelaufen. Jetzt kam dort ein Auto angefahren und blieb etwa in der Verlängerung meines Sprintweges stehen. Der Motor lief wohl weiter, denn das Abblendlicht blieb an. „Suchen die mich? Was soll's. Die sehen mich bestimmt nicht." Also rannte ich los.

Ziel. Das Auto stand jetzt immer noch da. Ich überlegte, ob ich die Pause abkürzen und gleich zurück sprinten sollte. Doch jetzt sah ich beim See das andere Licht wieder. Es näherte sich seitlich meinem Rückweg. „Die sehen mich und wollen was von mir, aber was?" Jetzt bewegte sich das Licht wieder zum See. Gut. Auch das Auto fuhr jetzt weg. „Aber doch nicht in meine Richtung!" Wohin es fuhr, weiß ich nicht, denn ich bin - vierter Sprint - sofort wieder zurückgerannt. Da stand ich nun im Dunkeln und machte die Pause vor dem letzten Sprint.

„Die haben mein Auto gefunden. Jetzt suchen sie den Besitzer. Wenn sie ihn, also mich, nicht finden, demontieren sie mein Auto und nehmen alles Verwertbare mit. Oder sie meinen, ich wäre im See ertrunken und suchen jetzt alles ab. Oder mein Auto brennt und sie suchen jetzt den Besitzer. Oder ein Förster kontrolliert seine Fuchsfallen. Oder jetzt am Vorabend von Halloween wollen die was proben, das niemand sehen soll. Oder, oder, oder ..."

Naja, die Luft war rein, also letzter Sprint. Und da fuhr das Auto gerade wieder an dieselbe Stelle wie vorher. Aber genau den Weg wollte ich doch nachher wieder zurücklaufen. Doch ich musste sowieso eine Pause machen. Nach der Pause stand das Auto aber immer noch da. Also wartete ich noch ein bisschen. Endlich fuhr es weg und ich lief los. Als ich dann an der betreffenden Stelle vorbeikam, sah ich gleich, was die dort gemacht hatten: „Ach so, die haben Holz geklaut!" Ich lief weiter und hoffte, dass sie nicht noch eine Fuhre holen wollten, solange ich diesen Weg benutzte. Ich begegnete ihnen dann zum Glück nicht mehr, auch mit dem Auto nicht, das ich komplett unversehrt auf dem Parkplatz vorfand. Schließlich war ich dann froh, endlich wohlbehalten wieder zuhause angekommen zu sein.

Der Trainingsplan

Zurück zum Training. Mein Plan sah also 22 Einheiten in sechs Wochen vor. Ganz einhalten konnte ich ihn nicht. Es war nicht immer möglich, zum festgelegten Termin zu laufen. Darüber hinaus hatte ich auch noch mein wöchentliches Volleyballtraining und einen Spieltag mit den Volleyballern.

Ich fand einen räumlich und zeitlich günstig gelegenen 10 km Lauf in Rheinzabern. Da konnte ich den Plan von sechs auf sieben Wochen strecken und immerhin 18 Einheiten absolvieren.

Der Plan basierte darauf, dass man die Geschwindigkeit für ein Rennen am effektivsten steigern kann, wenn man über kurze schnelle Läufe die „anaerobe Schwelle" anhebt. Unterhalb der „anaerobe Schwelle" wird das entstehende Laktat im Blut gleich wieder abgebaut und der Muskel „übersäuert" noch nicht. Dabei macht man zwischen ein- und auslaufen Intervallläufe, also Läufe über kurze Distanzen in deutlich schnellerer Geschwindigkeit, die man nach kurzer Pause mehrfach wiederholt. Diese kurzen Distanzen werden von Woche zu Woche verlängert und das Tempo leicht reduziert. Zwischen den Intervallläufen sind Überdistanzläufe (mehr als die Renndistanz) vorgesehen, entweder komplett langsam oder im Mitteldrittel mit höherer Geschwindigkeit. Im Prinzip trainiert Arne Gabius, der Deutsche Meister im Marathon 2015, auch nach diesem Prinzip.

Für mich war das neu. Ich lief bisher immer die komplette Trainingsdistanz entweder langsam oder schnell.

Ich merkte schon, dass ich schneller werde, konnte das aber nicht einordnen, da nur einmal - und das schon in der dritten Woche - ein längeres zusammenhängendes schnelles Teilstück von 6 km auf dem Plan stand.

Winterlaufserie Rheinzabern, 10 km, 14.12.2014

Google Maps schickte mich über eine Straße von der B9 nach Rheinzabern, von der ich nicht überzeugt war, dass sie mich wirklich ans Ziel führen würde. Nach geschätzten 1.500 Schlaglöchern auf den letzten 1,5 km kam ich dann doch in Rheinzabern an. Von den Parklotsen wurde ich auf einen Parkplatz gewunken, der gut 1 km vom Veranstaltungsort entfernt war. Also nahm ich meine Sporttasche gleich mit. Bei 1.300 Läufern im Vorjahr hätte ich mir denken können, dass die besten Parkplätze direkt vor Ort frühzeitig belegt sein würden. Entsprechend voll war es in der Halle, die gleichzeitig als großer Umkleideraum diente. Es gab zwar auch richtige Umkleiden, aber den Umweg machten die wenigsten. Es waren so viele Leute in der Halle, dass alle ihre Sporttaschen auf den Tribünen liegen ließen. Das tat ich dann auch so.

Zum Einlaufen gab es einen Sportplatz mit Tartanbahn neben der Halle. Da war ich dann wieder heilfroh, normalerweise durch die Gegend laufen zu können und nicht immer auf einer Bahn sklavisch im Kreis laufen zu müssen.

Dieses Jahr gingen wegen des nicht so schönen Wetters nur 1.100 Läufer auf die Strecke. Ich benötigte dennoch eine ganze Weile, bis ich nach dem Startschuss endlich an die Startlinie kam. Auf der breiten Straße verteilten sich die Läufer recht schnell und es konnten sich viele größere Gruppen bilden. Wir liefen zuerst nach Norden durch Rheinzabern. Dann liefen wir auf einer anderen Straße wieder nach Süden hinaus und überquerten einen Bahnübergang. Dieser ist auch der Grund für den „ungeraden" Starttermin um 10:05 Uhr. Dann machten wir einen Abstecher nach Westen in den Nachbarort Hatzenbühl und liefen wieder in Richtung Sportzentrum zurück. Vor dem Zieleinlauf machten wir noch einen Abstecher nach Jockgrim, schauten uns dort ein bisschen um und liefen nach der Wendemarke auf der gleichen Straße wieder zurück zum Sportzentrum und zum Ziel. Es war eine schöne, abwechslungsreiche Strecke und es herrschte die ganze Zeit eine angenehme Atmosphäre.

Ich lief an wie immer. Das heißt, ich richtete meine Geschwindigkeit nach dem Erschöpfungsgrad aus. Das war wohl ein Fehler. Denn einen höheren Erschöpfungsgrad hätte ich ja jetzt viel länger durchhalten können. Nach zwei, drei Kilometern merkte ich, dass es mit einer Zeit unter 50 Minuten so nichts werden würde. Aufgrund der fehlenden längeren schnellen Trainingsstrecken fehlte das Vertrauen in den Trainingsplan, mit den Kilometerzeiten so weit runter zu gehen, wie es nötig gewesen wäre. Ich war in einem Dilemma. Eigentlich hätte es funktionieren sollen, aber ich wollte nicht nach 7 km völlig ausgepumpt durch die Gegend schleichen. Mir fehlte einfach der Mut.

Bei 52:40 Minuten kam ich dann ins Ziel. Bei einer geschätzten Nettozeit (leider wurde keine gemessen) von etwa 52:00 Minuten war ich von der angepeilten Vier ganz vorne zwar weit entfernt, aber meine bisherige Bestzeit konnte ich deutlich unterbieten.

Die Duschen waren getrennt. Für die Damen war die Nachbarhalle reserviert. Trotzdem blieben noch genug Herren für unsere Halle übrig. Umso erstaunlicher waren die Duschen. Der Boden war eiskalt, doch das Wasser kam sparsamen rieselnd, aber lauwarm aus der Düse. Was für eine Wohltat bei dem kalten Wetter.

Unterwegs fielen mir Hinweisschilder auf ein Terra-Sigillata-Museum auf. Falls ich je wieder nach Rheinzabern kommen würde, könnte ich da ja einmal vorbeischauen.

2015 nahm ich im Dezember nur wenige Wochen nach den Terror-Anschlägen in Paris wieder am 10 km Lauf in Rheinzabern teil. Als ich mit den anderen 1.300 Läufern zum Start ging, hatte ich schon ein mulmiges Gefühl. Wenn wir uns kurz vor dem Startschuss eng zusammenballen, würde eine Explosion schon eine lohnende Anzahl an Opfern verursachen. Eine Polizeistreife war zwar vor Ort, aber die Grenze nach Frankreich auch ganz nah. Da habe ich mir vor Augen geführt, wie viele Volksläufe es in Deutschland pro Jahr wohl geben mag und wie viele andere Großveranstaltungen. Wenn man pro Jahr Anschläge in Deutschland mit einer gewissen Opferzahl unterstellt, so ist es viel wahrscheinlicher, dass ich auf der Fahrt zu oder von einem Volkslauf mit dem Auto umkomme als bei einem Volkslauf selbst. Das hat mich dann wieder beruhigt. Seither war mir nicht mehr mulmig zumute.

Was bringt das neue Jahr?

Mit einem 15 km Lauf bei stürmischem Eisregen kurz vor Silvester schaffte ich es, die 1.000 km im Jahr 2014 vollzumachen.

Am Neujahrstag legte ich mit einem 18 km Lauf gleich den Grundstein für 2015. Meine Ziele für 2015 wusste ich auch schon: Halbmarathon unter zwei Stunden und 10 km unter 50 Minuten.

Ein Fernziel waren die 15 km in 1:15 Stunden. Warum gerade diese Strecke? Mit Anfang 20 war ich öfters in meiner Freizeit zum Spaß auf dem Sportplatz und joggte (2 oder 4,5 km), machte Funktionsgymnastik, trainierte 400 m oder ich war im Baggersee, um zu schwimmen. Damals war ich noch richtig fit. Dann kam ich auf die Idee, mal eine längere Strecke zu joggen. Ich lief locker los und drehte ein paar Schleifen im Wald und im Industriegebiet. Dann dachte ich: „So, jetzt ist's genug." Ich war genau 1:15 Stunden gelaufen. Mit dem Auto maß ich dann die Strecke nach und es waren genau 15 km. Da würde ich läuferisch gerne wieder hinkommen.

Winterlaufserie Rheinzabern, 15 km, 11.01.2015

Bei der Anmeldung zu den 10 km in Rheinzabern hatte ich ja schon mitbekommen, dass es sich um eine Laufserie handelt. Da Anfang Januar nach anfänglichem leichtem Schnee das Wetter nicht mehr so kalt war, meldete ich mich auch für die 15 km Strecke.

Dieses Mal fuhr ich früher los, nicht mehr über die Schlaglochstraße, und ergatterte auch gerade noch einen Parkplatz im Sportzentrum. Es war alles wie vier Wochen zuvor und wieder herrschte eine sehr angenehme Atmosphäre.

Die 10 km Strecke wurde zweimal durchlaufen. Bei der zweiten Runde sparten wir uns aber die Schleife über Hatzenbühl. Da ich ja kürzere Distanzen trainiert hatte, ging ich recht schnell an und zog das auch durch. Bei 11 km kam ein stärkerer Gegenwind auf. Gefühlt hielt er bis zum Ziel an. Tatsächlich waren es aber wohl nur zwei Kilometer. Die letzten zwei Kilometer musste ich eben kämpfen, damit ich das Tempo ins Ziel retten konnte: 1:21:22 Stunden. Das war doch mal ein Wort! Fast eine Minute pro Kilometer schneller als vor zehn Monaten beim Rißnertlauf. Und wieder warme Duschen!

Für den kulturellen Nachmittag hatte ich dieses Mal vorgesorgt. Mit einer Bekannten hatte ich mich zum Essen in Rheinzabern verabredet. Nach dem Essen besichtigten wir das Terra-Sigillata-Museum vor Ort. Im zweiten und dritten Jahrhundert nach Christus war Rheinzabern der größte Manufakturstandort für römische Terra Sigillata (römisches Tafelgeschirr mit Glanztonüberzug) nördlich der Alpen.

Laufen bildet!

Winterlaufserie Rheinzabern, 20 km, 08.02.2015

Die Winterlaufserie besteht aus drei Läufen: 10 km, 15 km und 20 km. Die beiden ersten Läufe hatte ich schon mitgemacht. „Da muss ich den dritten halt auch noch mitlaufen." Das sagte nicht nur ich. Den Satz hörte ich an diesem Morgen mehrfach auch von anderen. Entsprechend der Streckenlänge war die Teilnehmerzahl gesunken. Dennoch war mit 700 Läufern eine stattliche Anzahl am Start.

Nach dem Start stand in der Winterlaufserie bei 1 km und bei 5 km je ein Helfer, der die aktuelle Zeit ansagte. Als ich bei 5 km vorbei kam, sagte einer in meiner Gruppe zu jemand anderem: „So, und jetzt stell' dir vor, dass du diesen Schnitt noch dreimal hintereinander laufen musst!" Musste das denn sein! Immer wenn ich seither bei einem Halbmarathon bei 5 km vorbeikomme, klingt dieser Satz in meinen Ohren. Das zieht ja so was von runter.

Am Tag vor dem Lauf fuhr ich mit meinen drei Jungs zum ersten Mal in diesem Winter Ski. Dem Jüngsten musste ich immer nebenher fahren und den Skistock hinhalten. Die meiste Zeit war ich also am Bremsen. Abends merkte ich dann schon, dass meine Oberschenkel ziemlich „fest" waren. Ich rieb sie dick mit Voltaren ein und massierte sie ausgiebig. Das wiederholte ich am folgenden Tag morgens vor dem Lauft. Die Beine waren immer noch ein bisschen schwer. Und nach der Wendemarke bei 9 km waren sie total „blau". „Jetzt kann ich ja noch nicht aufgeben", dachte ich und kämpfte mich weiter. Nach weiteren 3 km hatte ich keine Hoffnung mehr, das durchhalten zu können. Deswegen versuchte ich es ab 12 km mit Trance. Ich „rastete" sozusagen Geschwindigkeit und Atemrhythmus ein, stellte meine Augen auf Schlafzimmerblick und versuchte, an gar nichts mehr zu denken. Das funktionierte! Irgendwann kam nach einer längeren Geraden eine Kurve. Da wusste ich, dass ich vorher irgendwann über den Bahnübergang gelaufen sein musste, konnte mich aber nicht daran erinnern. Etwa vier Kilometer ging das gut, dann wurde es einfach zu schmerzhaft und ich wachte wieder auf. Ich wäre so gerne einfach nur stehen geblieben. Aber das ging nicht. Die Beine waren so schwer! Hätte ich angehalten, wäre ich an diesem Tag nie wieder ins Laufen gekommen. Ich hätte nur noch ganz langsam gehen können; und das den ganzen Weg zurück! Da war es einfacher, die Beine irgendwie am Laufen zu halten. Und je näher das Ziel kam, desto größer wurde mein Wille, es zu schaffen. Der letzte Schritt ins Ziel war dann auch der letzte schnelle Schritt, den ich an diesem Tag gemacht habe. Zum Trost blieb meine Zeit bei 1:52:05 Stunden stehen. Das bedeutete auf einen Halbmarathon hochgerechnet eine Zeit unter zwei Stunden. Wenn ich aufs Skifahren am Vortag verzichten würde, würde ich das sicher schaffen! Das erste Ziel für 2015 hätte ich dann erreicht.

In der Winterlaufserie betrug meine Gesamtzeit 4:06:07 Stunden für 45 km. Es heißt, die hier gelaufene Gesamtzeit würde der Zeit für einen Marathon entsprechen. Aber Marathon wollte ich ja noch nie laufen.

Wie ich im Kapitel „Volksläufe" unter Punkt 5 „Kleidung" schon berichtete, ist die Kleidung bei den Winterläufen von Läufer zu Läufer völlig verschieden. Bei einer Temperatur zwischen 0° und 5°C ist wirklich alles vertreten. Von Polarkleidung bis Sommeroutfit. Am interessantesten sind dann aber die Mischungen: ärmelloses Shirt mit Armwärmern, T-Shirt mit Handschuhen und Wollmütze, kurze Hosen mit dickem Schal und Ohrenwärmern.

Auch für diesen Nachmittag hatte ich Kultur vorgesehen. Im übernächsten Ort Herxheim gab es ein Museum mit einer Steinzeitausstellung. Die Bandkeramikleute brachten vor 7.600 Jahren Ackerbau und Viehzucht aus dem Vorderen Orient nach Europa und damit auch in die Südpfalz. Sie vermischten sich mit den bereits ansässigen Jägern und Sammlern. Sehr anschaulich und ausführlich wurden Alltag, Kleidung, Ernährung, Hausbau und Siedlungen unserer Vorfahren beschrieben.

Internationaler Volkslauf „Rund um Mercedes Benz" Rastatt, Halbmarathon, 08.03.2015

So etwas wie diesen Volkslauf habe ich ja noch nicht erlebt. Mit Sicherheit werde ich da nie wieder starten.

Dieser Lauf fiel zusammen mit dem entscheidenden Volleyballspieltag um die Meisterschaft. Ich hatte mich für den Halbmarathon entschieden und meine Volleyballmannschaft verlor ohne mich das wichtigste Spiel der Saison. Mit mir hätten sie aber auch nicht gewonnen.

Start, Ziel und Anmeldung waren beim Kundencenter von Mercedes-Benz. Im Internet sah ich, dass es direkt davor sehr viele Parkplätze gab. Das war schon mal gut. Die Einfahrt dorthin war aber gesperrt. Das war nicht so gut. Helfer und Schilder wiesen uns den Weg auf einen anderen noch größeren Parkplatz. Ich fuhr dort nach hinten an das eine Ende, wo alle Fußgänger im Gebüsch verschwanden. Nach meinen Gewohnheiten auf fremdem Terrain ging ich zuerst in Trainingskleidung ohne Sporttasche in Richtung Anmeldung, soll heißen, dahin wo alle in diesem Gebüsch verschwanden. Hinter dem Gebüsch war ein Gehweg mit einem Schild, das nach links zeigte und auf dem stand „Zur Anmeldung 8 Minuten". Später habe ich das in Google Maps nachgemessen und es waren 800 m. Ab jetzt ging es mit dem Schlechten los.

Nach starken acht Minuten war ich an der Anmeldung und habe die Startnummer abgeholt. Das Kundencenter war riesig. Neben Festbestuhlung gab es viele Infostände und Essen- und Getränkestände. Schließfächer gab es auch, aber da würde meine Sporttasche nie hineinpassen. Irgendwo hinten gab es Schilder mit „Duschen" drauf. Also bin ich wieder zurück zum Auto (starke acht Minuten) - umziehen - und wieder zurück zum Kundencenter (starke acht Minuten). Den Weg konnte ich ja schon ein bisschen zum Warmlaufen verwenden.

Vor dem Start kam noch eine Durchsage, dass der Weg auf einem Teilstück durch den Wald extra für uns hergerichtet worden wäre. Es stünde nur noch ein Fahrzeug am Rand und der Weg wäre nicht auf der ganzen

Breite nutzbar. Das Teilstück war tatsächlich neu gemacht. Nur das Fahrzeug war ein großer Lkw und der stand mitten auf dem Weg. Auf einem fußbreiten Trampelpfad neben dem Weg kam man gerade so daran vorbei. Wir Halbmarathonis mussten da zweimal entlang laufen.

Da ich jetzt immer längere Strecken lief, das heißt, da ich kürzere Strecken gewohnt war, ging ich recht schnell an. Eigentlich viel zu schnell. Ich bekam mich erst nach drei Kilometern in den Griff. Dann lief es gut. Nach 13 km wurde es schwerer, aber es ging noch. Ich wurde nur etwas langsamer. Der Hammer bei 16 km blieb aus, sehr schön. Da ich mich jetzt für spurtstark hielt, zog ich bei 19 km den Endspurt an. Das war gar nicht so einfach. Denn der Fußweg zur Anmeldung war Teil der Rennstrecke und war nicht abgesperrt. Der 10 km Lauf wurde zwar nach uns gestartet, die Läufer waren aber bereits im Ziel. Jetzt kamen uns auf dem Fußweg die ganzen Läufer und Zuschauer des 10 km Laufes, die zu ihrem Auto wollten, entgegen. Es war ein einziger Zickzack-Lauf! Zum Teil mussten wir auf der Grasnarbe an den Passanten vorbei.

Und damit nicht genug. Ich hatte mich wohl überschätzt. Ich hätte den Endspurt doch später ansetzen sollen. Der letzte Kilometer war unendlich zäh, ich war total ausgelaugt und rettete mich mit letzter Kraft ins Ziel. Es gab leider keine Zeitanzeige und meinen Timer zu stoppen hatte ich vergessen. Ich war mir sicher, die Zwei-Stunden-Schallmauer doch noch verpasst zu haben. Auf den ausgehängten Ergebnislisten kam dann aber die Überraschung: 1:58:00 (brutto) - Hurra! Geschafft!

Bei diesem Lauf hatte ich mir mein Siegerbier redlich verdient. Erster Halbmarathon und schon das Jahresziel erreicht. Das alkoholfreie Bier wollte ich natürlich nur ordentlich geduscht trinken. Also ging ich zurück zum Auto (starke acht Minuten) und holte meine Tasche; dann wieder zurück zum Kundencenter (starke acht Minuten) zu den Duschen. „Wo waren die noch mal?" Kam man vorne zum Kundencenter hinein, befand sich die Bühne für die Siegerehrung an der Rückwand. Die ganze Festbestuhlung war auf die Bühne ausgerichtet. Von dort konnten alle gut die Bühne sehen und auch die große Glasabtrennung mit breiten Türen links neben der Bühne. Das war der Eingang des „Männerumkleidesaales". Die

Männerumkleide war gleichzeitig auch Durchgang für die Frauen zu den Frauenumkleiden. Rücksichtsvollerweise gab es im Umkleidesaal auch drei Umkleidezelte, bei denen man die Eingänge schließen konnte.

„Aha!", dachte ich, „Und wo sind jetzt die Duschen?" Ich behielt meine Sporttasche sicherheitshalber in der Hand. Die linke Seitenwand des Saales war aus Glas und daran anschließend am linken Teil der Rückwand war wieder ein großer Glasdurchgang, an dem Schilder hingen: „Durchgang zu den Damen-Umkleiden" und „Durchgang zu den Herren-Duschen im Außenbereich"

„Aha! Aber die meinen sicher: ‚Zugang zu den Herren-Duschen *über* den Außenbereich'." Ich ging also mit meiner Tasche in der Hand durch die Tür. Dahinter führt eine Treppe nach unten. An der Wand neben der Treppe hingen Schilder: „Damen-Umkleiden" und „Damen-Duschen". An der seitlichen Tür zum Außenbereich hing ein Schild: „Zu den Herren-Duschen". Ich betrat den Außenbereich, ging nach rechts das Gebäude entlang und dann rechts um die Ecke. Und tatsächlich: Da standen die Herren-Duschen *im* Außenbereich! Es waren zwei Container mit je fünf Duschkabinen. Es schien zum Glück zwar die Sonne, aber es war der 8. März! Wirklich warm war es nicht und es hätte auch genauso gut regnen können; oder schneien. Hätte ich nicht unbedingt frisch geduscht mein Rekord-Siegerbier trinken wollen, wäre ich auf der Stelle nach Hause gefahren. Um nicht barfuß und halb nackt wie die anderen zwischen Umkleide und Duschen pendeln zu müssen, legte ich meine Tasche neben dem Container auf den Boden und zog mich dort aus. In den Duschkabinen waren die Türen und Seitenwände nicht durchgehend. Unten und oben waren 20 cm hohe Aussparungen, damit es garantiert einen guten Durchzug gab. Das Wasser kam direkt aus einem Hydranten und hatte nie eine Heizung gesehen. Nach dem Abtrocknen versuchte ich, mich dann im Freien möglichst schnell ohne weiteren Wärmeverlust anzuziehen.

Na das Bier hatte ich mir aber so was von verdient. Danach ging ich den blöden Fußweg wieder zum Auto (starke acht Minuten) und fuhr auf Nimmerwiedersehen davon.

Rißnertlauf Karlsruhe-Rüppurr, 15 km, 15.03.2015

In der Woche vor dem Rißnertlauf absolvierte ich noch einen Nachtlauf auf dem Kinzigdamm in Offenburg. Ich wollte gemächliche 12 oder 15 km laufen, also vier oder fünf Runden drehen. Bereits zwei Dutzend Mal hatte ich diesen Winter hier Runden gedreht. Schon die zweite Runde ging mir auf den Keks und nach der dritten Runde machte ich Schluss. Die Strecke hing mir inzwischen dermaßen zum Hals hinaus, ich hätte kotzen können. Also beschloss ich, frühestens im Herbst wieder hier zu laufen.

Nach den diesjährigen Fortschritten war ich zuversichtlich, die Zeit von Rheinzabern zu toppen und eventuell sogar die 1:20 Stunden knacken zu können.

Der Start verzögerte sich, weil der Führungsradfahrer verschollen war. Ein anderer vereinsbekannter Radfahrer, der dabei stand, wollte partout nicht fahren. Das sei ihm doch viel zu anstrengend. Von irgendwo kam dann doch noch ein Freiwilliger her.

Ich wollte ja schon schnell angehen. Aber der Start geriet dann zu schnell. Die ersten beiden Kilometer lief ich mit einem Schnitt von 5,0 min/km. Ich wurde dann zwar wieder langsamer, aber die Luft war raus. Ich hatte zu Beginn schon keine Reserven mehr. Es reichte dann immer noch zu sehr guten 1:21:52 Stunden, was aber keine Verbesserung war.

Nach der Anmeldung hatte ich noch Zeit und kam mit einem Mitläufer ins Gespräch. Es stellte sich heraus, dass er regelmäßig Marathons lief. Zweimal unter der Woche 10 bis 15 km und am Sonntagmorgen bis 30 km wären seine Vorbereitung. Das hörte sich überschaubar an. Ich dachte: „Ich sollte vielleicht doch mal über einen Marathon nachdenken." In der Zeit danach habe ich beschlossen, tatsächlich einen Marathon anzugehen. Eine Gelegenheit wäre der Freiburg Marathon am 3. April 2016.

Osterlauf Rheinzabern, Halbmarathon, 04.04.2015

Da ich in Rheinzabern schon 10, 15 und 20 km gelaufen war, fehlte nur noch der Halbmarathon. Start und Ziel lagen bei diesem Lauf in der Ortsmitte, die Strecke war nach einer Zusatzschleife am Anfang aber identisch mit den 20 km.

Das Wetter war ein bisschen unberechenbar. Ich wollte zuerst nur mein ärmelloses Laufshirt mitnehmen, packte dann aber alles ein, was ich hatte. Nach der Anmeldung und der Besichtigung des Veranstaltungsgeländes wählte ich die dickste Version: lange Hose, langärmeliges Laufshirt, darüber kurzärmeliges Laufshirt und darüber die Laufjacke. Es herrschte ein kalter böiger, Wind mit Nieselregen. Diese Kombination verhinderte, dass es mir so dick eingepackt zu warm wurde.

Trotzdem lief es richtig gut. Die Strecke kannte ich ja auch schon in- und auswendig. Bei 9 km überholte ich gerade eine kleine Gruppe. Ein oder zwei Läufer zogen ein paar Hobbyläufer durch den Halbmarathon, da hörte ich einen daraus sagen: „Es gibt bei Halbmarathons ja eigentlich keine Hobbyläufer, das sind alles richtige Läufer, die in einem Verein sind." Ich wollte schon widersprechen, weil ich ja auch ein Hobbyläufer war. Aber ich war schon zu weit voraus und wollte mich nicht wieder zurückfallen lassen. Ich hörte ihn noch sagen: „Jetzt läuft's noch gut, aber wartet mal bis 16 km, da wird's dann richtig schwer."

Auch dieses Mal blieb bei mir der 16 km Hammer aus. Aber schwer wurde es natürlich trotzdem. Die letzten zwei Kilometer liefen wir im kalten Nieselregen mit heftigem Gegenwind. Wir liefen in einem lockeren Dreiergrüppchen, aus dem zuletzt einer herausfiel. Ich lies mich von der Läuferin vor mir mitziehen. Und ich jagte sie gleichzeitig vor mir her. Das war mit so nicht bewusst, aber im Ziel bedankte sie sich bei mir dafür, dass ich sie so gut angetrieben hätte.

Im Ziel blieben wir beide mit 1:59:10 unter zwei Stunden. Schon wieder! Bei der Witterung war ich mit der Zeit sehr zufrieden.

Wie bei der Kälte ist es auch bei Nässe so, dass die Läufer unterschiedlich damit umgehen. Die meisten, so wie ich auch, machen da gar keinen Unterschied. Es gibt aber auch welche, die tragen spezielle Regenkleidung und wieder welche benutzen dünne plastiktütenähnliche Umhänge, die man ganz klein zusammenknüllen kann, wenn man sie nicht mehr braucht.

Den interessantesten Laufdress hatte ein Berufsfeuerwehrmann, der in voller Montur, also mit Stiefeln, Hose, Jacke und Helm lief, und damit noch unter 1:50 Stunden blieb.

Rhein-Volkslauf Maximiliansau, Halbmarathon, 18.04.2015

Gemäß dem Motto „weniger ist mehr" ging ich dieses Mal den Halbmarathon betont langsam an, um dann im letzten Drittel so richtig vom Leder ziehen zu können. Nach fünf Kilometern hatte ich einen Schnitt von 5,7 min/km: Das war mir dann doch zu langsam. Also habe ich das Tempo angezogen. Nach 5 km verabschiedete sich das 10 km Läuferfeld. Jetzt merkte man deutlicher, dass ein heftiger Rückenwind herrschte. Problematisch wurde der Lauf nach der Wendemarke bei 8 km. Jetzt mussten wir gegen den Wind laufen; und zwar fast 10 km weit.

Zuerst lief ich auf einen Läufer auf und blieb in seinem Windschatten. Weitere zwei gesellten sich dazu. Schon bald merkte ich, wenn ich in diesem Lauf noch was reißen wollte, musste ich schneller laufen. Also raus in den Wind. Ich wusste gar nicht, dass ich so breit bin. Zumindest kam mir das so vor. Der Wind war schon heftig. Ich war auch nur ein bisschen schneller als die Drei hinter mir. Aber mit zunehmender Zeit fielen sie deutlich zurück. Meine Geschwindigkeit entsprach eigentlich nur der Mindestgeschwindigkeit für einen Zwei-Stunden-Lauf und ich hatte mich ja auf den ersten 8 km zurückgehalten und noch eine Menge aufzuholen. Dazu kam ich aber gar nicht mehr. Schon bei 15 km kam jetzt doch wieder der Hammer. Und ich hatte immer noch fast 3 km Gegenwind vor mir. Als dann endlich der Rückenwind kam, lief es auch nicht mehr besser. Ich wurde mit jedem weiteren Kilometer nur noch langsamer. Im Ziel blieb die Zeit bei 2:04:00 stehen. Woran lag das nur? Gut, der Gegenwind war hart, aber daran alleine kann es nicht gelegen haben, dass ich so früh so fertig war.

Erste Erkenntnis: Etwas weniger kann mehr sein, aber zu wenig bleibt zu wenig.

Zweite Erkenntnis: Mit dem Halbmarathon in Maximiliansau habe ich innerhalb von sechs Wochen drei Halbmarathons und einen 15 km Lauf in Renntempo absolviert. Ich denke, das war einfach zu viel für mich.

Ich wusste ja nicht, wie viele Halbmarathons ich in welchem Zeitraum laufen kann. Und ich provozierte diesen Lerneffekt mit meiner Saisonplanung auch ein bisschen. Aber jetzt weiß ich Bescheid. Längere Läufe absolviere ich künftig allerfrühestens alle drei besser alle vier Wochen.

So beschloss ich, dass die Sommersaison ohne weitere Halbmarathons gerade begonnen hatte, und in zwei Wochen in St. Leon-Rot nicht wie geplant den Halbmarathon, sondern die 10 km zu laufen und damit in den PSD LaufCup einzusteigen.

Stirnlampenlauf Bad Dürrheim, 8 km, 24.04.2015

Da ich mich jetzt überraschenderweise schon in der „Kurzstreckensaison" befand, war der Stirnlampenlauf eine außerordentlich günstige Gelegenheit, vor dem 10 km Lauf in St. Leon-Rot meine Sprintfähigkeiten zu testen.

Außerdem verband ich den Abstecher in den Schwarzwald damit, mir von einer Bekannten die Altstadt der Nachbarstadt Villingen zeigen und erklären zu lassen.

Dass der Lauf ein etwas anderer sein würde, war schon aus der Ausschreibung ersichtlich. Er fand nachts statt und man musste mit Stirnlampe laufen. Gut, dass ich 2014 in Maximiliansau eine als Antrittsgeschenk erhalten hatte. Außerdem gab es keine Zeitnahme und die Startgebühr von 3 Euro wurde zu 100% einem guten Zweck gespendet. Trotzdem schaute die Dame ungläubig, als ich bei der Startnummernausgabe mehr Startgeld bezahlen wollte, um die Spende zu erhöhen.

Es waren sehr viele Läufer vor Ort; sehr, sehr viele. Im schönen Kurpark lief ich mich warm und ging dabei der professionellen Animation aus dem Weg, um mir nicht noch etwas durch ungewohnte Bewegungen zu zerren.

Es war klar, dass nicht viele der Läufer, die Veranstaltung mit sportlichem Ernst angehen würden. Es war mehr ein Benefiz- und Spaßlauf. Die Walker, die 5 km Läufer und die 8 km Läufer starteten gemeinsam auf einem sehr breiten Weg am Ende des Kurparks. Also gruppierte ich mich ganz weit vorne im Feld, relativ kurz hinter der Startlinie ein. Das hat aber nicht gereicht. Denn nach dem Start strömten hinter der Startlinie von rechts und links aus anderen Wegen weitere Menschenmassen auf die Strecke. Kaum dass ein gemächliches Traben möglich war, stockte der ganze Tross schon wieder. Denn jetzt mussten wir alle noch durch das 2,5 m schmale Ausgangstor. Danach aber nichts wie weg. Und nach der Gabelung, als wir 8 km Läufer alleine waren, war die Strecke nicht mehr so sehr überfüllt.

Ich wusste, dass es einen Getränkestand geben würde. Ich war es gewohnt, dass dort auf Tischen „Getränke bereitstehen", die von Helfern den Läufern gereicht werden, sodass sie den Lauf nicht unterbrechen müssen. Als wir an diesen Getränkestand kamen, hatte er eine völlig andere Wortbedeutung. Wenn es Helfer gab, konnte ich sie nicht entdecken. Und dieses Mal waren es die Läufer und nicht die Getränke, die standen. Nämlich in einer Riesenschlange vor dem Tisch. Ok, trinken wird bei 8 km sowieso überbewertet.

Als wir dann wieder zur 5 km Strecke dazu stießen, wurde es wieder richtig voll. Auf dem schmalen Fußweg tummelten sich die langsamen 5 km Läufer, die schnellen Walker und all die, die in der Menschenmasse einfach nicht schneller vorankamen; also ausscheren auf den holprigen Randstreifen.

Mit einer selbst gestoppten Zeit von 42:34 Minuten (5,3 min/km) war ich dann aber doch sehr zufrieden.

Im Ziel wartete dann neben Getränkeständen ein sehr leckeres, reichhaltig gefülltes und von unzähligen Läufern belagertes Büffet.

Die Veranstalter wurden von den vielen Startern völlig überrannt. Ich bekam schon Mitleid mit den Verantwortlichen, dass sie der Menschenmenge so machtlos ausgeliefert schienen und dadurch die ganzen Unannehmlichkeiten beim Laufen zwangsläufig auftauchen mussten. Doch jetzt bei der Recherche, wie viele Starter es genau waren, sehe ich das anders. Fast 1.600 Läufer waren an den Start gegangen. Das waren viel, viel, viel zu viele. Hatte ich das schon erwähnt? Aber es waren seit 2008 schon über 900 und seit 2012 auch schon fast 1.600 Läufer! Da kann ich nur noch ungläubig den Kopf schütteln. Wie kann man das jahrelang absichtlich in Kauf nehmen, ohne sich Gedanken über eine Verbesserung zu machen?

Aber jetzt kam wirklich ein absolutes Highlight! Da es keine Duschen gab, konnte man mit der Startnummer und für 1,50 Euro Eintritt das nahe gelegene Solemar, ein Sole-Thermalbad, für eine halbe Stunde benutzen. Zum Glück war es entsprechend lange geöffnet und zum Glück nahmen nur ganz wenige Teilnehmer diese Gelegenheit wahr. War das klasse! Das war genau mein Ding. Leider konnte ich wegen der Kürze der Zeit nicht alles ausprobieren. Ich war im Becken mit 7% Salzgehalt hängen geblieben. Auf dem Rücken schwebend konnte ich die geschwungene, architektonisch sehr gelungene Holzdecke bewundern oder mich mit geschlossenen Augen ganz alleine im Becken treiben lassen. Das hat für alles andere vollauf entschädigt.

Frühlingslauf St. Leon-Rot, 10 km, 03.05.2015

An diesem Sonntag stand also mein erster 10 km Lauf des Jahres an. Doch ich hatte ein Terminproblem. An diesem Wochenende fand von Freitag bis Sonntag wieder das BAP-Fantreffen in Oppenau statt. Samstag war meine Wanderung und außerdem wollte ich mitfeiern und „bis in die Puppen" wach bleiben. Man kann halt nicht alles haben. Oder doch? Ich beschloss, es zu versuchen.

Am Samstag hielt ich mich mit dem Alkohol sehr zurück und ging nicht ganz so spät ins Bett wie die anderen.
Sonntagmorgen weckte mich dann um 6 Uhr der Wecker. Ich machte mir Frühstück und richtete für die anderen alles zurecht. Eine Stunde in Oppenau, eine Stunde Fahrt und eine Stunde vor Ort sein bis zum Start um 9 Uhr. Der Start hätte doch genauso gut erst um 11 Uhr sein können! Aber es hat alles einigermaßen funktioniert.

Beim Warmlaufen wurde mir schnell klar, dass der wenige Alkohol am Vortag doch noch zu viel Alkohol gewesen war. Und auch die kurzen Nächte steckten mir noch in den Knochen. Es kam mir so vor, als bekäme ich kaum Luft, und das Herz schlug viel zu schnell und viel zu fest. Glücklicherweise war ich früh dran und konnte mich über einen längeren Zeitraum langsam an körperliche Aktivität gewöhnen. Bis zum Start wurde es etwas besser.
Als es losging, lief ich schnell an und musste dabei immer einen Rhythmus schneller atmen als gewohnt. Bei etwa 4 km hatte ich das alkoholbedingte Kreislaufproblem überwunden. Doch jetzt schwanden die Kräfte schon recht frühzeitig. Fix und fertig kam ich dann im Ziel an.
Einerseits war ich natürlich langsamer als in den letzten beiden 10 km Läufen im Vorjahr. Andererseits bedeuteten die 54:26 Minuten die drittbeste Zeit im neunten 10 km Lauf und die zweitbeste Zeit innerhalb des PSD LaufCups. Das war trotz allem doch ein guter Cup-Auftakt.
Im Ziel gab es dann neben den üblichen Getränken auch leckeres alkoholfreies Hefeweizen. Die Antrittsgeschenke bestanden dieses Jahr bei den

PSP LaufCup-Stationen aus einer stabilen Papiertragetasche mit Duschgel als Grundausrüstung. Bei jedem Lauf kam dann noch etwas anderes hinzu. In St. Leon-Rot war es ein Glas Honig. Bei anderen Läufen waren es dann Teigwaren, Sportler-Müsli und andere nützliche Dinge.

Nach dem Lauf fuhr ich dann wieder nach Oppenau zurück, verabschiedete die letzten Gäste und half beim Aufräumen.

Südpfalzlauf Rülzheim, 10 km, 25.05.2015

2014 war ich in Rülzheim beim Halbmarathon in der Hitze gebraten worden. Das würde mir dieses Jahr nicht wieder passieren. Erstens lief ich ja nur 10 km und zweitens war ich dieses Jahr auf Hitze vorbereitet.

Wie bringt man ein paar Hundert Leute dazu, gleichzeitig nach unten zu schauen? Ganz einfach. Man lässt den Sprecher über Mikrofon verkünden: „In fünf Minuten startet der 10 km Lauf. Alle Läufer mit einer roten Startnummer werden gebeten, sich jetzt beim Start einzufinden." Das funktioniert immer. Der Halbmarathon mit den blauen Startnummern wurde 15 Minuten später gestartet.

Etwas Sorgen bereitete mir ein Muskel auf der inneren Rückseite des rechten Oberschenkels. Als ich am Ostermontag, genau sieben Wochen zuvor, die Wanderung für die BAP-Fans abging, war fast die komplette Strecke noch von Schnee bedeckt. Auf dem letzten Kilometer ging es steil den Berg hinab und es fuhr mir beim Abfangen eines Ausrutschers hinten in diesen Muskel. Beim Laufen spürte ich das bei jedem Schritt. Von Woche zu Woche wurde es immer schlimmer. Ich dachte, das würde schon irgendwann wieder besser werden zumal ich beim normalen Gehen absolut nichts spürte. An diesem Tag schmierte ich dann alles dick mit Voltaren ein.

Ich fühlte mich gut und der Lauf begann gut. Ich merkte den Oberschenkel schon, aber es war nicht weiter schlimm. Ab 5 km begann er dann zu schmerzen. Kurz nach 6 km, knapp vor dem Getränkestand, ging gar nichts mehr. Ich dachte noch kurz, dass ich mich durchbeißen könnte, aber es war nichts mehr zum Beißen da. Ich konnte das Bein einfach nicht mehr bewegen. Das Voltaren erwies sich hier als fataler Fehler. Wegen des Schmerzmittels bemerkte ich zu spät die Tragweite der Verletzung. Vielleicht hätte ich sonst früher durch einen anderen Bewegungsablauf gegensteuern können. Jetzt hatte der Muskel komplett „zu gemacht". Bei 6 km nahm ich noch die Zwischenzeit. Es wäre auf eine Zeit um 53 Minuten hinausgelaufen, in die Nähe meiner Bestzeit und deutlich schneller als in St. Leon-Rot. „Wäre, hätte, wenn" und „aber" nutzen leider nichts, wenn man nicht mal mehr gehen kann. „Scheiße! So ein verdammter Mist!"

Nach einer Erholungspause am Getränkestand, während der ich auch half, den anderen Läufern die Getränke zu reichen, wurde ich dann mit einem Helferfahrzeug zum Start zurückgefahren. Inzwischen konnte ich zumindest wieder halbwegs gehen.

Also humpelte ich zum Auto und dann mit der Sporttasche auf den Campingplatz zu den Duschen. Ich glaube, außerhalb einer FKK-Anlage ist das Duschhaus in Rülzheim der Ort, an dem man im Freien die meisten nackten Männer beim Umziehen beobachten kann.

Der Lauf war ein herber Rückschlag. Und schon der zweite in Rülzheim. Ich überlegte mir ernsthaft, ob ich diesen Ort für alle Zukunft aus meinem Laufkalender streichen sollte. Aber alles lamentieren half nichts. Nach dem Lauf ist vor dem Lauf. In dreieinhalb Wochen wollte ich an meinem persönlichen Saisonhöhepunkt in Seelbach topfit sein. Und im Moment konnte ich nicht einmal richtig gehen. Ich musste zuerst einmal geduldig sein.

Sonnwendlauf Seelbach, 10 km, 19.06.2015

Meine Rekonvaleszenz ging dann doch schneller als befürchtet. Nach sechs Tagen lief ich ganz langsam 1,4 km. Das war noch nicht gut. Nach weiteren vier Tagen lief ich ganz langsam 5,2 km. Über weitere zwei Läufe tastete ich mich an langsame 10 km heran. Dann folgte ein leichteres Intervalltraining mit schnellen Abschnitten und ich gab mir grünes Licht für Seelbach. Ich meldete mich online an und absolvierte noch einen kurzen schnellen Trainingslauf ohne muskuläre Probleme.

In Seelbach angekommen war ich sehr, sehr nervös. Und da waren sie, die drei Fragezeichen. Ich hatte zwar keinerlei Probleme, aber würde der Muskel die vollen 10 km im Renntempo durchhalten? Und wie stand es überhaupt um meine Kondition? Wie schnell sollte ich anlaufen?

Noch aus einem anderen Grund war ich nervös. Über eine Zeitungsannonce hatte eine einsame Joggerin jemanden gesucht, der sie an einen Halbmarathon heranführt. Aufgrund der räumlichen Distanz machte es keinen Sinn, miteinander zu trainieren. So gab ich ihr per E-Mail Tipps zum Laufen und viele Anregungen, wo sie sich weitere Informationen beschaffen könnte. Außerdem empfahl ich ihr wärmstens den Sonnwendlauf. Und nun war es so weit. Wir waren beide gemeldet. Für sie war es ihr erster 10 km Lauf. Leider begegneten wir uns vor dem Start nicht, was bei fast 800 Startern auch nicht gerade einfach war.

Das Aufwärmen verlief problemlos und dann ging es zum Start. Ich war immer noch sehr nervös.

Jetzt ging es los.

Ich lies mich in einem schnellen aber angenehmen Rhythmus mittreiben. Bei den Kilometertäfelchen schaute ich immer auf die Uhr, um meine Zeit einzuordnen. Leider konnte ich das kleine Display kaum lesen und um mich längere Zeit dem Entziffern der Anzeige zu widmen, war das Feld einfach zu dicht gedrängt. Kurz vor 3 km kamen wir in Zielnähe in Sichtweite der Zeitanzeige vorbei. Irgendwie wurde ich aus keiner Zeit, die ich meinte, abgelesen zu haben, schlau. Also lief ich einfach so weiter. Ich wäre schon gerne um 5,5 min/km schnell gewesen. Aber irgendwie schien es doch langsamer zu sein oder so schnell, wie es gar nicht sein konnte.

Rechnen ging bei dem Tempo eben auch nicht so gut. Am Ende der ersten Schleife kamen wir durch das Ziel und da war das Ablesen und mal zwei Nehmen einfacher. Ich lief doch tatsächlich einen Schnitt von 5,2 min/km. Jetzt machten die merkwürdigen Zahlen doch irgendwie Sinn. „Das kann ich doch nie durchhalten", dachte ich beim Zieldurchlauf. Ganz konzentriert ging ich auf die zweite Schleife. Ich rechnete jederzeit mit einem totalen Einbruch oder einem Zwicken im Oberschenkel. Ich versuchte, meinen Erschöpfungsgrad durch Verschärfen oder kurzes Verlangsamen des Tempos auf einem einheitlichen Level zu halten. Einen leicht abfallenden Kilometer versuchte ich, ohne langsamer und auch ohne viel schneller zu werden, Kraft zu sparen. Natürlich wurde die zweite Schleife langsamer, das ging ja gar nicht anders; aber um wie viel? Bei 8 km ging es wieder beim Ziel vorbei, ich versuchte, nicht zu rechnen. Der vorletzte Kilometer wieder ein bisschen abfallend, Tempo halten, nicht zu einfach machen, nicht nachlassen. Dann die Wendemarke und den letzten gemeinen, leicht ansteigenden Kilometer zum Ziel in Angriff nehmen, noch nicht ganz auspowern, jetzt das Ziel in Sicht, noch 500 m, alles was geht! 53:22 Minuten brutto bzw. 53:05 Minuten netto. Wow! Wer hätte das gedacht.

Es war meine zweitbeste je gelaufene Zeit und der Muskel hat gehalten. War ich happy!

Allerdings hatte ich ja als zweites Saisonziel eine Zeit unter 50 Minuten angepeilt. Das war dann doch noch sehr weit weg.

Auf der Wendestrecke sah ich meine einsame Joggerin. Im Ziel blieb mir dann noch Zeit, bis sie ankam. Neben den üblichen Getränken gab es auch einen Stand mit einem ganz tollen und gesunden Sportdrink, der alles was man so ausgeschwitzt hatte, wieder nachfüllen sollte. Buäähhh! Die Geschmacksrichtung lag irgendwo zwischen salzlosem Schweiß und eingeschlafenen Füßen, igitt! Und ich hatte mir den Becher auch noch randvoll eingeschenkt. Danach stopfte ich mir gleich noch eine Banane rein, brrrrr. Jetzt konnte wieder Besseres kommen.

Dann kam auch meine einsame Joggerin ins Ziel. Sie war noch glücklicher als ich. Wir standen noch recht lange mit ihren mitgereisten Freunden zusammen uns aßen und tranken etwas. Und sie bekam die ganze Zeit ihr Dauergrinsen einfach nicht mehr aus dem Gesicht. Das war so schön mit anzusehen.

Irgendwann wurde es mir zu kalt und ich ging zu den Duschen. „Nehme ich jetzt den rechten oder linken Umkleideraum? Ach, ich nehme den linken." Beide standen offen, der rechte war voll und in dem linken stand nur einer drin. Es war ein ganz bleicher schmaler Jugendlicher mit kurzen Haaren - dachte ich. Ich hatte ja meine Brille nicht auf. Er meinte dann, ich wäre wohl nicht im richtigen Umkleideraum. Wie? Ich kniff die Augen zusammen und beim genauen Hinsehen erkannte ich, dass es eine junge Frau war. Wie peinlich! Ich entschuldigte mich vielmals und schob es wahrheitsgemäß auf meine fehlende Brille. Als ich später aus den Duschen in meinen Umkleideraum kam, waren noch ein paar Jugendliche da. Vor der offenen Tür wartete jemand auf sie. Das war die Frau von vorhin. Wir grinsten uns nur an. Jetzt hatte sich alles wieder ausgeglichen.

Queichtallauf Zeiskam, 10 km, 05.07.2015

Zu diesem Lauf trat ich nicht an.
Anfang Juli war es sehr heiß. Ich trainierte zwar fleißig auf Hitze, aber ich rechnete mir Folgendes vor. Die Hitze würde ich zwar unbeschadet überstehen, aber ein Zuckerschlecken würde es nicht werden. Eine gute Zeit war nicht zu erwarten und die Rückfahrt im Auto würde sehr unangenehm sein. Nein, das musste nicht sein. Genügend restliche Läufe gab es ja auch noch.
Da ging ich doch lieber mit Ina und den Kindern ins Freibad.

Hardtseelauf Weiher, 10 km, 26.07.2015

Ja, das war im Vorjahr der Lauf mit der langen Schlange an der Startnummernausgabe. Deswegen reiste ich besonders früh an. Mir blieb jetzt ein bisschen mehr Zeit, mich umzusehen. Und siehe da, sie hatten aus dem letzten Jahr nichts gelernt. An einem Ende der Turnhalle hing die Starterliste nach Namen sortiert aus. Dort musste man sich die Startnummer heraussuchen und diese dann bei der Startnummernausgabe angeben. Das ist der einzige meiner Läufe, bei dem es so umständlich ist.

Ich hatte im Vorfeld Hitzetraining gemacht und Intervallläufe eingestreut. Der Muskel machte keine Probleme. Also konnte es losgehen.

Es war ziemlich warm, aber wieder führte die Strecke am schönen Hardtseeufer entlang, an vielen schattigen Bäumen vorbei und auch durch den Wald. Ich war wieder schnell unterwegs. Das merkte ich zuerst bei etwa 2 km. Ein Gitarrist stand am Streckenrand und spielte gerade ein Lied, bei dem ich immer spontan mitsingen muss. Sehr schnell war ich total außer Puste und brauchte einige Zeit, um wieder in den Laufrhythmus zu kommen.

Bei 4 km dann eine Schrecksekunde: Mein Oberschenkel meldete sich wieder mit einem fiesen Ziehen. Ich stellte meinen Laufstil vom bloßen Füße nach vorne schieben auf den etwas hüpfenden Stil um. Recht bald war das Stechen wieder weg und ich konnte im Stil wieder zurückwechseln. Zum Schluss machte ich einen langen Endspurt und 200 m vor dem Ziel kam wieder ein Stechen im hinteren Oberschenkel. Ich stellte den Laufstil wieder um und kam gerade noch so ins Ziel. Die Bruttozeit von 53:48 Minuten war sportlich fast wie die Zeit von Seelbach einzuschätzen. Nach dem Ausschnaufen, Trinken und Melonenessen merkte ich, dass der Oberschenkel jetzt doch stärker beeinträchtigt war. An Auslaufen war jedenfalls nicht mehr zu denken.

Zum Umziehen ging ich gleich wieder auf die Bühne hinter den Vorhang. Bei den Duschen gab es ein Problem, das im letzten Jahr noch nicht so schlimm war. Die Damen- und die Herrenduschen hingen an einer einzigen gemeinsamen Wasserzuleitung. Und da beide Duschräume anscheinend voll besetzt waren, tropfte aus den Duschköpfen nur ein kleines

Rinnsal senkrecht nach unten. Die Duschköpfe waren aber so dicht an der Wand angebracht, dass man sich nicht direkt darunter stellen konnte. Höchstens die Nase konnte man so nass machen. Also was tun? Da gab es nur eine Lösung. Man musste einen Arm nach oben unter das Rinnsal halten, sodass das Wasser am Arm entlang zum Körper geleitet werden konnte. Man stelle sich folgendes Bild vor: Ein voll besetzter Duschraum und alle strecken einen Arm nach oben.

Ich kam ja lange nach den Erstplatzierten ins Ziel, deswegen bekam ich die dicke Luft gar nicht mehr richtig mit. Wenige Tage darauf titelte laufreport.de über den Lauf von Weiher mit „Der 11 km lange Cup-Zehner". Die Wege waren zwar an den Abzweigungen markiert, aber in der Hitze des Gefechts kann man das schon mal übersehen, wenn kein Helfer den Weg weist. An einer entscheidenden Stelle war wohl ein Helfer eingeteilt, der mal kurze Zeit weg war. Ausgerechnet in dem Moment kam die Verfolgergruppe dort vorbei, nahm prompt die falsche Abzweigung und fand sich etwas später im hohen Gras neben der Autobahn wieder. Einige liefen wieder zurück, andere quer durch den Wald. So erklärte sich auch, warum nach den beiden Führenden minutenlang niemand mehr im Ziel ankam.

Lußhardtlauf Hambrücken, 10 km, 16.08.2015

Es stellte sich heraus, dass das Ziehen doch schlimmer war und ich mich in der gleichen Lage befand wie nach dem Lauf von Rülzheim. Da ich Zeiskam ausgelassen hatte, musste ich nun, um im PSD LaufCup noch in die Wertung zu kommen, die beiden restlichen Läufe mitmachen. Der erste von beiden war schon in drei Wochen in Hambrücken.

Eine Zeit unter 50 Minuten konnte ich dieses Jahr nun endgültig abschreiben. Den PSD LaufCup sah ich auch schon in der Ferne entschwinden. Ich wusste nicht, ob ich in Hambrücken überhaupt starten konnte, und was brachte ein Start, wenn ich eine ganz miserable Zeit laufen würde?

Vor dem ersten Trainingslauf nach Weiher traf ich eine befreundete Krankengymnastin. Als ich ihr die Symptome aufgezählt hatte, fragte sie mich: „Hast du Probleme mit dem Knie?" „Klar, angerissener Außenmeniskus." Sie erklärte mir, dass durch die fehlende Stabilität des Knies, dieser Muskel überlastet wird. Wenn ich eine Bandage hätte, sollte ich sie zum Laufen anziehen und außerdem zum Orthopäden gehen.

Eine Bandage benutzte ich ja bereits für das Volleyballspielen. Also zog ich sie jetzt auch zum Laufen an. In den drei Wochen bis Hambrücken brachte ich es gerade mal auf drei Trainingsläufe mit durchschnittlich 5 km. Außerdem mussten die Oberschenkel- und Unterschenkelmuskeln, die von der Bandage eingeengt waren, gegen diesen ungewohnten Widerstand ankämpfen und erst darauf trainiert werden. 10 km Laufen sind eben doch etwas anderes als Volleyballspielen.

Ich wollte schon aufgeben.

Da las sich in der Ausschreibung für Hambrücken einen wichtigen Hinweis. Aufgrund der unfairen Bedingungen beim 11 km Zehner in Weiher, brauchte man zwar immer noch vier Teilnahmen, um in die Cupwertung aufgenommen zu werden, es wurden aber nur die drei besten Zeiten berücksichtigt. Somit war es egal, wie langsam ich lief, solange ich nur ankam.

Also meldete ich mich an. In der Ausschreibung fand ich auch den Hinweis, dass zu den Antrittsgeschenken unter anderem ein Gutschein über den halben Eintritt im Sole-Thermalbad im nahegelegen Bad Schönborn gehörte. Seit Bad Dürrheim bin ich ein Fan von Sole-Thermalbädern.

Beim Einlaufen vor dem Start sah ich an einem Kindergarten ein Schild am Eingangstor hängen: „Baustelle! Zutritt für Erwachsene nur in Begleitung ihrer Kinder."

Wieder war ich sehr nervös: Bringt die Bandage etwas? Hält der Muskel? Ich hatte nur ein Ziel: Ankommen. Und so lief ich auch. Ich versuchte dieses Mal, nicht schnell zu laufen, sondern gemütlich vor mich hin, ohne mich besonders zu verausgaben.
So kam ich dann, trotz Dudelsackspieler, erst bei 57:10 Minuten (netto) ins Ziel. Und ich erkannte, dass ich aufgrund der ungewohnten Bandage und des mangelnden Trainings auch gar nicht viel schneller hätte laufen können.

Das eigentliche Highlight des Tages kam dann nach dem Lauf: das Sole-Thermalbad in Bad Schönborn. Aus diesem Anlass war auch Ina zu diesem Lauf mitgekommen. Und die viereinhalb Stunden im warmen Salzwasser mit ihr waren dann auch ein Erlebnis der Extraklasse.

Sommerpause

Nach dem Lauf in Hambrücken ging ich mit den Kindern und meinen Eltern an die Nordsee in Urlaub. Ich nutze die Gelegenheit zum Laufen auf dem Deich. Jeden zweiten Tag, also insgesamt drei Mal, ging ich laufen und erkundete dabei die Gegend. So konnte ich die Muskeln an die Bandage gewöhnen und sah auch mehr von der Gegend als die anderen. Ich konnte dann immer genau sagen, wo der Leuchtturm ist, das Freilichtdeichmuseum und wie man zu den anderen Sehenswürdigkeiten wie dem Sturmflutmuseum, dem Piratenmeer oder der Einkaufspassage kommt.

Anfang September ging für mich nach acht Wochen Abstinenz das Volleyballtraining wieder los. Da passierte das, was nach einer längeren Volleyballpause ab und zu vorkommt. Der Außenmeniskus meldete sich zu Wort und ich konnte nicht mehr richtig gehen, geschweige denn laufen. Aber das ist nie von langer Dauer. Nach ein paar Tagen kann ich wieder alles machen und nach zwei, drei Wochen ist alles wieder gut. Das beeinträchtigte aber natürlich die Vorbereitung auf den Abschlusslauf in Karlsruhe.

Hardtwaldlauf Karlsruhe, 10 km, 11.10.2015

Mit gemischten Gefühlen trat ich in Karlsruhe an. Das Knie war zwar in Ordnung und der Muskel auch, aber würde das beim Lauf so bleiben?
Es blieb beim Lauf so. Alles gut. Leider gab es unterwegs wieder keinen Getränkestand, das hatte ich mir aber schon so gedacht. Beim Einbiegen auf die Zielgerade stellte ich fest, dass es in diesem Jahr auch keine Zeitanzeige gab. Als Trost blieb das kostenlose Schneider Weiße im Ziel und die leckeren Dinkelnudeln, die Tomatensoße und das Duschgel als Antrittsgeschenk.

Im November kam dann wieder für die PSD LaufCup-„Finisher" das Adidas Laufshirt, dieses Mal in einer anderen Farbe.

Mit 55:11 Minuten Nettozeit war ich zwar eineinhalb Minuten langsamer als im Vorjahr, aber zwei Minuten schneller als in Hambrücken. In der Cup-Gesamtwertung wurde die Zeit dieses Jahr aus einem Lauf weniger gebildet. Auf den Kilometer umgerechnet war ich 0,1 Minuten schneller als im Vorjahr und belegte von 282 Läufern den 222. Platz. Das war nicht das, was ich zu Saisonbeginn erhofft hatte, aber unter den diesjährigen Umständen ging es nicht besser.

Ausblick

Das Ziel, den Halbmarathon unter zwei Stunden zu laufen, habe ich erreicht. Das zweite Ziel, die 10 km unter 50 Minuten zu laufen, konnte ich nicht verwirklichen. Schlimmer noch, ich wusste überhaupt nicht, wie es weitergehen sollte. Würde ich mit diesem Knie und diesem Oberschenkel je wieder regelmäßig trainieren können, um weitere Ziele zu erreichen? War es nicht unsinnig, sich einen Marathon vorzunehmen? Ich war völlig verunsichert.

Mein Orthopäde schickte mich zu einer MRT-Untersuchung. Es war tatsächlich ein angerissener Außenmeniskus. Dazu kam noch ein Ganglion im Knie. Der dortige Arzt meinte, das müsse nicht operiert werden. Mein erster Orthopäde meinte, das müsse auf jeden Fall operiert werden und schickt mich zum Chirurgen. Der Chirurg wiederum meinte, das müsse man doch nicht operieren, und schickte mich zur Laufbandanalyse. Von dort erhielt ich ein Gymnastikprogramm mit gezielten Kräftigungsübungen und eine Liste mit Schuhen, die besser zu meinen Füßen und meinem Laufstil passen.

Nun werde ich das mal ausprobieren, mich in Geduld üben und abwarten, wie sich alles entwickelt.

Der Wettkampf ist nur eine Seite des Laufens. Bis ich erkenne, wohin es mit mir geht, werde ich weiterhin Folgendes tun: Einfach Laufen und Spaß haben.

Euer Klaus „Maier läuft"

Aus Fehlern lernt man am effektivsten - meine Lauftipps

1. Einleitung
Zum Schluss kommen wir nun in der Reihe „es gibt viel zu lernen - machen wir's falsch" zum Thema „aus selbst gemachten Fehlern lernt man am besten".

Kein Laufanfänger macht von Anfang an alles richtig. Das ist eine längere Lernphase. Auch ich sehe mich nach über zwei Jahren immer noch in dieser Lernphase.

Um etwas richtig machen zu können, benötigt man in jedem Bereich Übung, Vertiefung. Man muss die Lösungen „erfahren". Um Erfahrungen machen zu können, reicht es oft nicht, sich Wissen anzueignen, von einem der diese Erfahrungen bereits gemacht hat. Zumal jeder auch ein Individuum ist, für den die Erfahrungen fremder Menschen vielleicht auch gar nicht passend sind. Manche Dinge sieht jeder ein. Dass man vorwärts schneller als rückwärts läuft, ist eine objektive Tatsache. Aber wo hört das, was für jeden gilt, auf und fängt das an, was für einen selbst eben nicht mehr gilt? Das weiß man erst genau, wenn man es selbst probiert und somit „erfahren" hat.

Je nachdem wie schmerzhaft eine falsche Verhaltensweise war, wird man diese ganz bestimmt nicht wiederholen. Man hat ja die Schmerzen selbst erfahren. Die Schmerzen anderer können wir nicht wirklich selbst erfahren.

Somit kommen wir zu meinen ganz persönlichen Lauftipps. Die gebe ich natürlich nicht, um Euch vorzugeben, wie Ihr laufen sollt. Das würde ja dem vorigen Absatz widersprechen. Seht sie vielmehr als Anregungen an, auf welche Bereiche Ihr ein Augenmerk legen sollt. Und diese Bereiche könnt Ihr dann selbst austesten. Ihr könnt sie auch als Ad-hoc-Ratgeber nehmen, wenn Ihr keine Möglichkeit zum Test habt. „Am Samstag bin ich auf einer Geburtstagsfeier. Ich werde wenig Alkohol trinken, aber sicher spät ins Bett kommen. Soll ich mich da für Sonntag beim Halbmarathon, beim 10 km Lauf oder gar nicht anmelden?" Nach dem Kapitel werdet Ihr Euch dafür entscheiden, den Halbmarathon abzuhaken ebenso wie die Online-Anmeldung. Am nächsten Morgen habt Ihr dann die Wahl zwischen 10 km und gar nicht melden, je nachdem, wie Ihr Euch fühlt.

Damit es ein bisschen übersichtlicher wird, habe ich meine Aufzeichnungen in vier Kategorien eingeteilt. Eventuell finden sich in der Sportliteratur ähnliche Ansätze, Einteilungen und Aussagen. Doch meine Ausführungen erheben weder den Anspruch auf Vollständigkeit noch auf Allgemeingültigkeit. Sie sind nicht wissenschaftlich untermauert, sondern entspringen alleine meinen persönlichen Erfahrungen.

2. Innere Leistungsbereitschaft des Körpers

„Och, ich hab' heute ja eigentlich gar keinen Bock auf einen Lauf!" oder „Ich fühl' mich heut' aber total matschig." oder „Voll geil, der Lauf heute. Aber irgendwie komme ich trotzdem nicht vom Fleck." Diese Aussagen, die wohl die meisten kennen, beziehen sich auf eine verminderte Bereitschaft des Körpers, Leistung in dem gewünschten Maß abzuliefern. Dabei kann man oft weder genau sagen, woran das liegt, noch kann man das direkt beeinflussen. Es läuft einfach nicht so wie sonst, egal wie sehr man sich auch anstrengt. Vier mögliche Ursachen werde ich im Folgenden näher betrachten.

2.1. Stimmung

Die wenigsten Menschen haben jeden Tag die gleiche (gute) Stimmung. Oft gibt es im Vorfeld etwas, das total abtörnen kann: Ärger mit der Freundin, Ärger im Geschäft, Auto kaputt, den Ohrwurm von Helene Fischer, den man als letztes Lied gehört hat, bekommt man nicht aus dem Kopf oder einfach mit dem falschen Fuß zuerst aufgestanden.

Was soll man dagegen nur tun? Ich selbst habe noch keine Erfahrungen mit autogenem Training oder Mediation gemacht. Ich kann mir aber vorstellen, dass das bei ernsten Problemen helfen kann.

In der Regel bekomme ich vom Laufen automatisch bessere Stimmung.

Und wenn ich dann auf eine vorgenommene Zeit pfeife, läuft's vielleicht nicht ganz so schnell, aber dafür umso besser.

Ich dachte auch schon einmal in so einem Fall an den Klaus, der nie müde werdend, versonnen lächelnd an blühenden Obstbäumen entlang läuft. Man kann auch an andere schöne Erlebnisse beim Laufen zurückdenken.

Gegen ungewünschte Ohrwürmer lässt sich leicht etwas machen: Entweder man hört eine entsprechende CD im Auto oder man nimmt seine Musik einfach zum Laufen mit.

Das alles hilft zwar nicht, eine neue Bestzeit zu erreichen, wenn man schon mal schlecht angefangen hat. Aber man hat Spaß beim Laufen und kommt zufrieden ins Ziel. Und das ist beim Laufen ja auch die Hauptsache.

2.2. Müdigkeit

Zumindest bei mir macht sich Müdigkeit deutlich bemerkbar. Als ich einmal hundemüde von der Arbeit nach Hause kam, fragte ich mich: „Hinlegen oder laufen?" Ich ging Laufen. Das war nicht so gut. Durch die Müdigkeit war die Koordination total hinüber. Ich stapfte durch die Gegend wie ein besoffener Elefant. Durch dieses holprige Umhertrampeln wurde die Muskulatur in sehr ungewohnter Weise belastet. Was sehr schnell zu Überanstrengung und Schmerzen führte; Muskelkater am nächsten Tag inbegriffen.

Von der verminderten Koordination abgesehen ist wohl jeder im Allgemeinen müde nicht so leistungsfähig wie sonst. Da sollte man wirklich am Tag vor einem Lauf daran denken. Wenn dann doch etwas dazwischen kommt, hilft ein kleines zehn- bis zwanzigminütiges Mittagsschläfchen, neudeutsch auch Powernapping genannt. Das kann Wunder bewirken.

Ich hatte einmal weder ans Frühschlafengehen gedacht, noch die Zeit für ein Mittagsschläfchen gefunden. Da ließ ich, bevor ich abends zum Sonnwendlauf fuhr, alles stehen und liegen, legte mich noch ein Dreiviertelstündchen hin und schlief. Danach war ich wie ausgewechselt. Allerdings hat nicht jeder die Fähigkeit, auf Kommando einschlafen zu können.

2.3. Flüssigkeit

Früher war das bei mir noch nicht so wichtig. Aber wenn ich jetzt den ganzen Tag wenig trinke, bin ich abends beim Laufen total ausgemergelt. Deswegen sollte man am Tag des Laufes genug trinken. Und zwar nicht einen Eimer Wasser kurz vor dem Lauf, da ist es zu spät, sondern gut verteilt über den ganzen Tag. Umso früher der Lauf ist, desto wichtiger ist auch der Vortag. Gerade bei einem Halbmarathon ist das besonders wichtig, weil man eben über den längeren Zeitraum auch mehr Flüssigkeit verliert. Das Trinken während des Laufes gleicht diesen Verlust nicht aus. Das Wasser muss ja erst über den Verdauungstrakt in den Kreislauf gelangen. Und das dauert seine Zeit.

Die Flüssigkeit, die man unmittelbar vor, während und nach dem Laufen trinkt, sollte möglichst kohlensäurefrei sein. Sonst kommt es einem vor, als würde man den Bauch von Bud Spencer durch die Gegend tragen.

2.4. Ernährung

Solange man nicht richtigen Hochleistungssport treibt oder eine bestimmte Erkrankung hat, sind Nahrungsergänzungsmittel des Sports wegen völliger Blödsinn. Der menschliche Organismus wurde zum Laufen und zur körperlichen Aktivität geschaffen. Eine ausgewogene Ernährung ist vollkommen ausreichend.

Viel bedeutender für das Laufen ist, was man isst und wann man isst. Die Verdauung ist für den Körper wichtiger als das Laufen. Deswegen wird Energie zuerst in die Verdauung investiert. Nur den Überschuss kann man dann für das Laufen verwenden. Prinzipiell sollte man also vor dem Laufen keine „schweren" Mahlzeiten zu sich nehmen. Und auch „leichtere" Mahlzeiten sollten nicht zu kurz vor dem Laufen genossen werden. Auch das Essen vom Vortag kann die Leistung noch beeinträchtigen.

Ich kann nur sagen, dass man darauf achten soll. Genauer kann ich diese Hinweise nicht formulieren, weil gerade bei diesem Thema wirklich jeder für sich selbst herausfinden muss, was ihm am besten bekommt.

Tomaten vor dem Sport vermindern bei mir zum Beispiel die Spritzigkeit. Damit stehe ich wohl ziemlich alleine da. Also findet es selbst heraus.

3. Leistungsbereitschaft des Kreislaufes
Damit die Muskeln mit Energie, also mit Nährstoffen und Sauerstoff, optimal versorgt werden können, muss auch dieses Versorgungssystem optimal funktionieren.

3.1. Alkohol
Alkohol ist bei uns eine gesellschaftlich akzeptierte Droge und die schädliche Wirkung von Alkohol steht außer Frage. Auch ich genehmige mir gelegentlich dieses Rauschmittel wegen seiner spezifischen Wirkung.

Wenn Ihr regelmäßig lauft, sagen wir zwei bis drei Mal in der Woche, und wenn Ihr auch hin und wieder während der Woche Alkohol trinkt, dann probiert es eine oder zwei Wochen komplett ohne Alkohol aus. Auch wenn Ihr sonst nicht viel trinkt, werdet Ihr merken, dass Ihr ohne Alkohol leistungsfähiger seid.

Umgekehrt gilt natürlich auch, dass Alkohol vor einem Lauf die Leistung deutlich senkt, je größer die Menge und je kürzer der Abstand umso tiefer sinkt die Leistung.

Diese Erfahrung musste ich dieses Jahr beim Frühlingslauf in St. Leon-Rot machen, wie Ihr bereits lesen konntet.

In diesen Abschnitt würden auch Anmerkungen zum Rauchen passen. Da ich aber schon immer Nichtraucher bin, konnte ich damit keine Erfahrungen sammeln und kann somit auch nichts darüber schreiben.

3.2. Herzfrequenz
Über das Training in der richtigen Herzfrequenz gibt es sehr viele Veröffentlichungen. Ich selbst habe keine Pulsuhr, das würde mich nur zu nervös machen. Man kann die Pulsangaben in der Literatur auch schlecht verallgemeinern, da kann es deutliche individuelle Abweichungen geben. Beim Training sollte man aber schon darauf achten, nicht zu oft im obersten Bereich zu trainieren. Das bringt nicht so viel, wie man denkt und belastet nur unnötig die Psyche, weil man sich dann zu oft überwinden muss. Angeblich ist die Fettverbrennung bei niedrigen Werten zwischen 130 und 140 Schlägen pro Minute am effektivsten.

Was aber gerade bei Laufanfängern aufbauend sein kann, ist die Pulskontrolle nach dem Laufen. Immer schneller wird der Puls auf niedrigere Werte fallen.

Wenn sich der Puls nach dem Laufen aber gar nicht mehr oder erst sehr spät beruhigen will und auch keine Verbesserung nachzuvollziehen ist, sollte man sich vom Arzt durchchecken lassen.

3.3. Atmung

Wie man richtig atmet? Das geht im Prinzip ganz von alleine. Aber manche, solche Leute wie ich, brauchen auch beim Atmen eine Struktur, an der sie sich orientieren können.

Das Einatmen geschieht durch Mund oder Nase. Wie denn sonst? Es ist egal, was man bevorzugt. Durch den Mund kommt mehr hinein. Ganz praktisch ist hier Gegenwind. Der wirkt wie ein Turbolader und es kommt noch mehr Luft in die Lungen.

Nur im Winter, wenn es richtig kalt ist, sollte man überwiegend die Nase benutzen. Der Weg durch die Nase ist enger und länger. Dadurch kommt die Luft vorgewärmt in den Lungen an und man kühlt nicht so sehr aus. Damit die Nase dabei nicht zu kalt wird, kann man beim Ausatmen durch den Mund die Unterlippe nach vorne schieben und die Nase mit der ausgestoßenen Atemluft von außen wieder aufwärmen. Nur durch die Nase ein- und auszuatmen habe ich noch nie geschafft.

Beim Einatmen sollte man darauf achten, dass man auch im Training tief einatmet. Mir passierte es schon einmal, dass ich in langsamen Trainingseinheiten nur flach geatmet hatte. Nach einem intensiven Training, bei dem man dann automatisch sehr tief atmet, hatte ich dann einen gehörigen Muskelkater in der Atemmuskulatur, also hauptsächlich im oberen Rücken. Auch das Atmen will trainiert sein.

Das Ausatmen geht von ganz alleine.

Ich laufe gerne in einem bestimmten Ein-Aus-Atemrhythmus. Vier Schritte einatmen - vier Schritte ausatmen im leichten Training. Drei / vier oder drei / drei, wenn's schneller und anstrengender wird und zwei / zwei in der Rennendphase bis hin zum komplett aufgelösten Rhythmus auf den letzten Metern.

4. Leistungsvermögen der Muskulatur

Die Muskeln können nicht mehr leisten, als sie trainiert wurden. Nein, das stimmt so nicht ganz. Denn nichts anderes macht man ja im Training. Das Pensum wird in Umfang oder Schnelligkeit gesteigert und in der Folge kann man länger oder schneller laufen. Auch andere Einflüsse wie Dunkelheit und gesteigerte Leistungsbereitschaft lassen einen schneller laufen. Aber es gibt Grenzen, die von den Muskeln und vom Kreislauf vorgegeben werden. Einigen wir uns darauf, dass es einen bestimmten gedeckelten Aufschlag auf die Trainingsleistung gibt. Mit etwas Übung kann man so seine Laufzeit hochrechnen. Das heißt aber auch, dass man nicht erwarten kann, in einem Lauf plötzlich viel schneller oder viel länger laufen zu können. Das Muskeltraining bleibt der Grundstein.

Nur eine vorgewärmte Muskulatur kann von Anfang an volle Leistung bringen. Man kann sich auch während des Laufes einlaufen, so wie ich es im Training immer mache, dann sind die ersten Kilometer eben nicht so schnell.

Je kürzer der Lauf, desto schneller ist man auch unterwegs. Und je schneller man läuft, desto mehr wird die Muskulatur beansprucht und das Verletzungsrisiko steigt. Also sollte man sich umso mehr aufwärmen, je kürzer der Lauf ist. Bei mir sind das bei einem 10 km Lauf etwa zwei Kilometer und beim Halbmarathon die Hälfte. Stretching und Gymnastik gehören natürlich auch dazu.

Vor manchen Läufen kann man sich auch zusammen mit einem Animateur durch Gymnastik, Stretching oder Aerobic aufwärmen. Das ist zwar gut gemeint, dem gehe ich aber immer aus dem Weg. Bei meinen Alterszipperlein will ich lieber keine ungewohnten Übungen vor einem Lauf machen. Ich will mich ja nicht direkt vor dem Lauf verletzen oder verausgaben.

Man sollte sich grundsätzlich vor einem Lauf nicht verausgaben oder ungewohnte Anstrengungen wie zum Beispiel Skifahren oder Fußball mit den Kindern unternehmen. Auch das Training kann man in der Woche vor dem Lauf zurückschrauben und nur einmal trainieren. Wenn man gar nicht dazu kommt, macht das auch nichts. Je länger der Lauf, desto mehr kann man davor die Beine baumeln lassen.

5. Laufverhalten

5.1. Analyse

Ich bewundere ja Leute, die einfach irgendwie loslaufen und dann auch noch viel schneller sind als ich. Ich probiere generell gerne etwas aus oder versuche, Abläufe zu optimieren. Wenn etwas nicht wie gewünscht hinhaut, wird es analysiert. So ist es bei mir auch mit dem Laufen.

In der Halle oder bei Sportarten mit hohen Sprintanteilen ist das Laufen mehr so ein hüpfendes Laufen. Gerade durch dieses Hochhüpfen verschwendet man unnötig Energie und dadurch, dass man durch jeden Hüpfer auch weiter nach unten „fällt", wird die Muskulatur durch das Abfedern mehr belastet. Ökonomischer zum Laufen ist ein Laufstil, bei dem man mehr so die Füße knapp über dem Boden nach vorne schiebt.

Allen, die ihren Laufstil analysieren oder verbessern wollen und nicht in einem Verein sind, kann ich eine professionelle Laufbandanalyse empfehlen. Die hat mit der Laufbandanalyse beim Schuhverkäufer nur das Laufband gemeinsam. Man wird vermessen, angemalt, gescannt und muss von mehreren Kameras aufgezeichnet mal barfuß und mal mit Schuhen „kilometerweit" laufen.

Dann gibt es natürlich noch die Begriffe Vorfuß-, Mittelfuß- und Fersenläufer. Damit habe ich mich aber bisher nicht befasst.

5.2. Strecken mit Höhenprofil

Als kniesensibler Ex-Fußballer versuche ich, die Belastungen auf die Knie zu minimieren. Dabei helfen kürzere Schritte. Die höhere Frequenz belastet im Gegenzug natürlich die Streck- und Beugemuskulatur etwas mehr. Aber mehr Probleme habe ich, wenn meine Schrittlänge zu groß wird, wenn ich zum Beispiel mit deutlich langsameren Läufern zusammen laufe. Das gleiche Problem zeigt sich natürlich bei abschüssigen Strecken. Da steht man vor der Wahl, abzubremsen, was anstrengend ist, oder laufen zu lassen, was mit längeren Schritten und mehr Stauchung einhergeht. Eine Zwischenlösung, die ich bei längerem Gefälle favorisiere, ist, den Winkel zwischen aufrechter Körperachse und Weg, sowie die Schrittlänge beizubehalten. Das heißt, im Vergleich zur Schwerkraftwirkung kippt man ein wenig nach vorne und muss die Frequenz entsprechend steigern.

Steigungen sind weniger problematisch. Bei kürzeren Steigungen wähle ich die schnelle Lösung. Ich behalte Schrittlänge und Geschwindigkeit bei. Das strengt zwar kurzfristig mehr an, aber davon werden meine Beine nicht mehr „blau" und über die Renndistanz hat das keine Auswirkung. Bei längeren Steigungen mache ich das, was ich früher auch bei kurzen Steigungen getan habe. Ich mache kürzere Schritte, sodass der Kraftaufwand pro Schritt gleich bleibt. Man läuft natürlich langsamer, aber außer der Schrittlänge muss man gar nichts ändern.

Natürlich gibt es einen Unterschied zwischen dem Laufen auf der Ebene und dem Laufen am Berg. Am Berg setzt aufgrund der Steigung der Fuß früher auf dem Boden auf. Das Bein ist in dem Moment noch mehr gebeugt. Dadurch werden die Muskeln schon früher belastet als auf der Ebene. Wenn in einem Lauf längere Steigungen gelaufen werden müssen, sollte man das vorher entsprechend trainieren.

5.3. Wind

Rückenwind ist eigentlich nichts Negatives. Im Training genieße ich das, indem ich die Geschwindigkeit beibehalte und mich durch die Unterstützung etwas ausruhen kann. Im Wettkampf orientiere ich mich natürlich am Kraftaufwand und laufe dadurch schneller.

Generell laufe ich aber am liebsten bei ganz leichtem Gegenwind. Dieser hat praktisch keine Auswirkungen auf die Geschwindigkeit oder den Kraftaufwand. Im Sommer sorgt er für angenehme Kühlung, beim Atmen durch den Mund kommt wie durch einen Turbolader mehr Sauerstoff in die Lungen und außerdem gibt er mir mehr das Gefühl, dass ich vorankomme und dass ich mit dem Laufen etwas leiste.

Bei stärkerem Gegenwind gilt das Gleiche wie bei Steigungen. Man kann sich an der Geschwindigkeit oder am Kraftaufwand orientieren.

5.4. Rhythmuswechsel

Kommt man vom Gegen- / Rückenwind oder von Steigung / Gefälle wieder in den Normalzustand, darf man sich nicht einlullen lassen. Man sollte darauf achten, möglichst schnell wieder in den Normalrhythmus zurück zu wechseln. Ein Beispiel: Ich verkürze an einer längeren Steigung die Schrittlänge, um den Kraftaufwand beizubehalten und mich nicht zu sehr zu verausgaben. Jetzt kommt wieder ein ebener Streckenabschnitt und versehentlich, sei es aufgrund geistiger Abwesenheit oder Ablenkung durch sehr Interessantes wie Gegend oder Frauen, bleibe ich bei der kürzeren Schrittlänge, ohne zu bemerken, dass es ja jetzt wieder leichter geht. Deswegen atme ich jetzt viel flacher oder sogar in einem längeren Atemrhythmus. Und erst bei der nächsten Zeitnahme fällt mir auf, wie langsam ich plötzlich bin.

Wenn diese Phase schon zu lange dauert, kann es schwierig werden, wieder zurück zu wechseln. Bei mir funktioniert das dann am besten, wenn ich ganz konsequent die Atmung auf den Rhythmus und die Tiefe umstelle, die ich bei der angepeilten Geschwindigkeit eigentlich haben müsste. Und ganz automatisch gleichen sich der Kraftaufwand und die Geschwindigkeit der Atmung an.

5.5. Synchronisation

Ich weiß, bei mir klingt das alles ein bisschen kompliziert: Kraftaufwand, Geschwindigkeit, Atemrhythmus. „Das alles muss ständig miteinander abgeglichen und synchronisiert werden?"

Tatsächlich ist das bei mir so. Im Wettkampf natürlich mehr als im Training. Ich weiß, dass viele wirklich einfach drauflos laufen können, ohne das wahrzunehmen. Die beneide ich ein bisschen. Aber ich sage mir dann auch: „Die haben ja gar keinen Ansatzpunkt, um ihr Laufen zu verstehen oder zu verbessern." Andererseits muss man das ja auch nicht unbedingt. Denn was ist das Ziel beim Laufen? Richtig: Spaß haben. Leider kann ich nie komplett losgelöst laufen. Und ich weiß, es gibt auch andere, denen das genauso geht. Vielleicht automatisiert sich das aber irgendwann, wenn ich ein fortgeschrittener Läufer sein werde.